# Aprovisionamiento y almacenaje en la venta

**Francisco Alfonso Izquierdo Carrasco**

**Miguel Ángel Sánchez Maza**

ic editorial

**Aprovisionamiento y almacenaje en la venta**


1ª Edición



Editado por: IC Editorial
c/ Cueva de Viera, 2, Local 3
Centro Negocios CADI
29200 Antequera (Málaga)
Teléfono: 952 70 60 04
Fax: 952 84 55 03
Correo electrónico: iceditorial@iceditorial.com
Internet: www.iceditorial.com



ISBN: 978-84-1184-695-0
Depósito Legal: MA-499-2025

Impresión: PODiPrint
Impreso en Andalucía - España

Nota de la editorial: IC Editorial pertenece a Innovación y Cualificación S. L.

## Presentación del manual

El **Certificado de Profesionalidad** es el instrumento de acreditación, en el ámbito de la Administración laboral, de las cualificaciones profesionales del Catálogo Nacional de Cualificaciones Profesionales adquiridas a través de procesos formativos o del proceso de reconocimiento de la experiencia laboral y de vías no formales de formación.

El elemento mínimo acreditable es la **Unidad de Competencia.** La suma de las acreditaciones de las unidades de competencia conforma la acreditación de la competencia general.

Una **Unidad de Competencia** se define como una agrupación de tareas productivas específica que realiza el profesional. Las diferentes unidades de competencia de un certificado de profesionalidad conforman la **Competencia General,** definiendo el conjunto de conocimientos y capacidades que permiten el ejercicio de una actividad profesional determinada.

Cada **Unidad de Competencia** lleva asociado un **Módulo Formativo,** donde se describe la formación necesaria para adquirir esa **Unidad de Competencia,** pudiendo dividirse en **Unidades Formativas.**

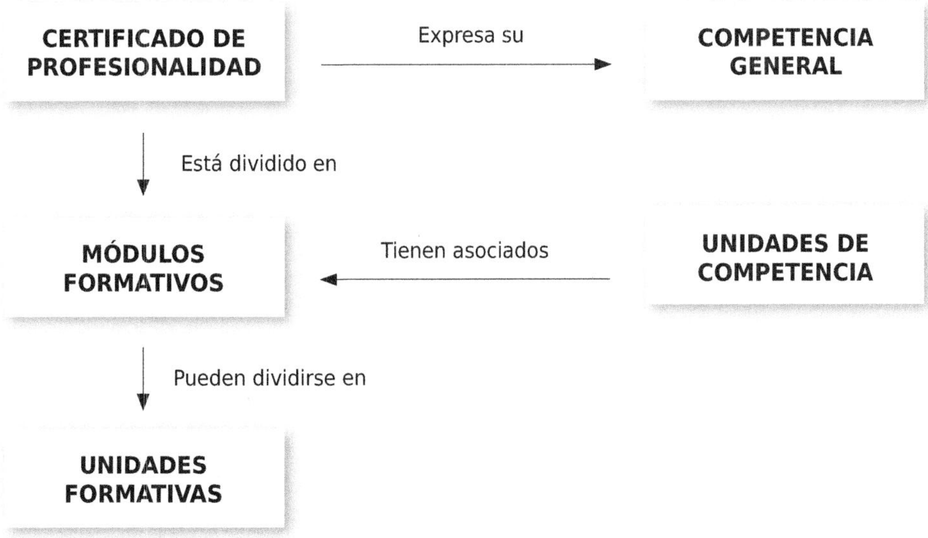

El presente manual desarrolla la Unidad Formativa **UF0033: Aprovisionamiento y almacenaje en la venta,**

perteneciente al Módulo Formativo **MF0240_2: Operaciones auxiliares a la venta,**

asociado a la unidad de competencia **UC0240_2: Realizar las operaciones auxiliares a la venta,**

del Certificado de Profesionalidad **Actividades de venta.**

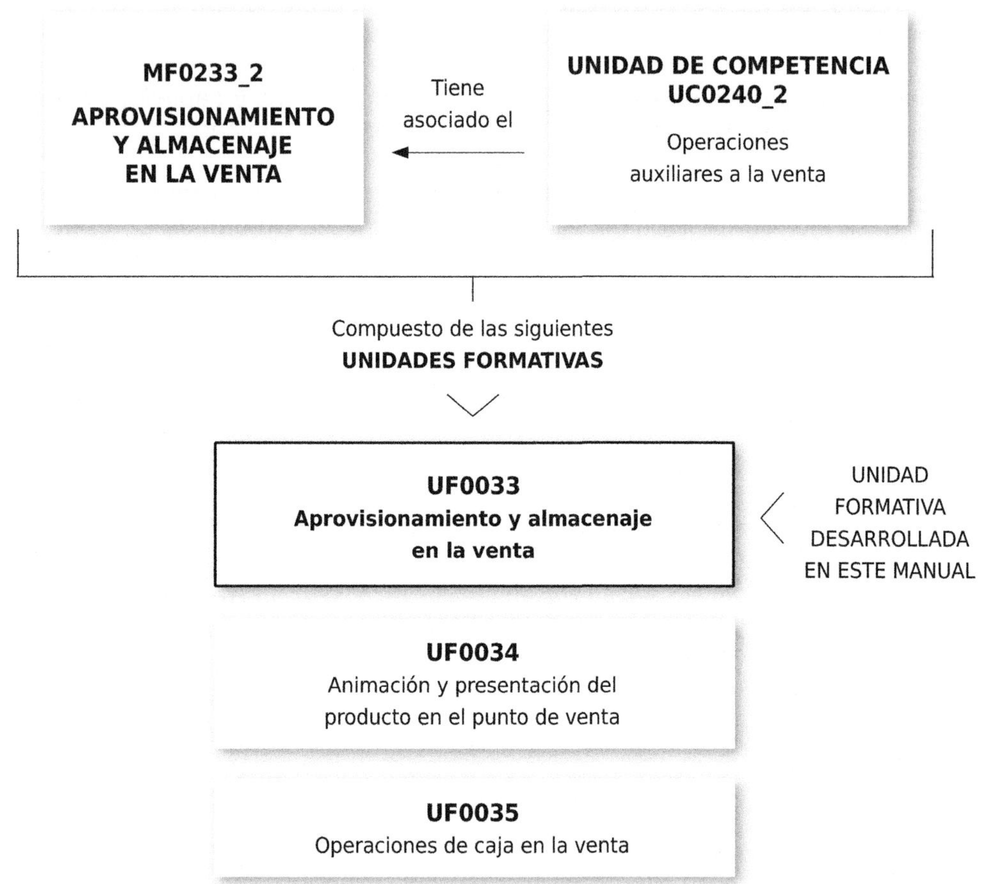

## FICHA DE CERTIFICADO DE PROFESIONALIDAD

**(COMV0108) ACTIVIDADES DE VENTA** (R. D. 1377/2008, de 1 de agosto modificado por el R. D. 1522/2011, de 31 de octubre)

**COMPETENCIA GENERAL:** Ejecutar las actividades de venta de productos y/o servicios a través de los diferentes canales de comercialización estableciendo relaciones con el cliente de la manera más satisfactoria, alcanzando los objetivos propuestos por la organización y estableciendo vínculos que propicien la fidelización del cliente.

| Cualificación profesional de referencia | Unidades de competencia | | Ocupaciones o puestos de trabajo relacionados |
|---|---|---|---|
| COM085_2 ACTIVIDADES DE VENTA<br><br>(R. D. 295/2004, de 20 de febrero y modificaciones publicadas en el R. D. 109/2008, de 1 de febrero) | UC0239_2 | Realizar la venta de productos y/o servicios a través de los diferentes canales de comercialización | · 4601.002.5 Cajero/a de comercio<br>· 5330.001.0 Dependiente de comercio<br>· Vendedor/a<br>· Promotor/a comercial<br>· Operador de contac-center<br>· Teleoperadoras (call-center)<br>· Televendedor/a<br>· Operador/a de venta en comercio electrónico<br>· Técnico de información y atención al cliente |
| | UC0240_2 | Realizar las operaciones auxiliares a la venta | |
| | UC0241_2 | Ejecutar las acciones del servicio de atención al cliente / consumidor / usuario | |
| | UC1002_2 | Comunicarse en inglés con un nivel de usuario independiente, en actividades comerciales | |

| Correspondencia con el Catálogo Modular de Formación Profesional | | |
|---|---|---|
| **Módulos certificado** | **Unidades formativas** | **Horas** |
| MF0239_2: Operaciones de venta | UF0030: Organización de procesos de venta | 60 |
| | UF0031: Técnicas de venta | 70 |
| | UF0032: Venta online | 30 |
| **MF0240_2: Operaciones auxiliares a la venta** | UF0033: Aprovisionamiento y almacenaje en la venta | 40 |
| | UF0034: Animación y presentación del producto en el punto de venta | 60 |
| | UF0035: Operaciones de caja en la venta | 40 |
| MF0241_2: Información y Atención al cliente/consumidor/usuario | UF0036:Gestión de la atención al cliente/consumidor | 60 |
| | UF0037:Técnica de comunicación y atención al cliente/consumidor | 60 |
| MF1002_2: Inglés profesional para actividades comerciales | | 90 |
| MP0009: Módulo de prácticas profesionales no laborales | | 80 |

# Índice

# OBJETIVOS GENERALES

El Objetivo General del MF0240_2: Operaciones auxiliares de venta, en el que queda integrada la **UF0033: Aprovisionamiento y almacenaje en la venta** es:

- Realizar las operaciones auxiliares a la venta.

El Objetivo General de la **UF0033: Aprovisionamiento y almacenaje en la venta** es:

- Ejecutar la gestión del almacén del establecimiento comercial aplicando los criterios establecidos y la normativa vigente.

Unidad de Aprendizaje 1

# Gestión de *stocks* e inventarios

## Contenido

1. Introducción
2. Características y conservación de los productos
3. Clasificación de los *stocks:* clasificación ABC
4. Rotación de productos: concepto
5. Inventario
6. La pérdida desconocida: concepto y causas
7. Gestión del aprovisionamiento
8. Control de inventarios
9. Innovaciones tecnológicas
10. Resumen

## Objetivos

El objetivo específico de esta Unidad de Aprendizaje es:

→ Aplicar técnicas de organización y gestión del almacén de distintos tipos de establecimientos comerciales en función de criterios previamente definidos.

# 1. Introducción

Un producto es un conjunto de **atributos tangibles e intangibles.** La idea principal de esta definición es que los consumidores están adquiriendo algo más que un conjunto de atributos físicos, están comprando la satisfacción de sus necesidades o deseos.

A lo largo de esta unidad de aprendizaje se realizará una clasificación de los tipos de productos según sus características, su tratamiento en aprovisionamiento, su durabilidad o tangibilidad. También se detallarán las características del embalaje y conservación de determinados productos, y aspectos sobre la normativa aplicable a determinados químicos peligrosos.

Llevar el control y la gestión de las existencias en un almacén no es tarea fácil, sobre todo a la hora de clasificar las existencias. Existen múltiples métodos para gestionar un almacén; la disposición de los productos en su interior se suele configurar de acuerdo al sistema de almacenamiento ABC, en el que se pueden ubicar atendiendo a su rotación.

Para el desarrollo del contenido analizaremos el **sistema de gestión de *stock* e inventarios del grupo empresarial Limpisa, S. L.,** empresa líder en la comercialización y fabricación de maquinaria y productos de limpieza con sede central en un polígono industrial a las afueras de Valladolid.

# 2. Características y conservación de los productos

### HILO CONDUCTOR

El grupo Limpisa es una empresa dedicada a la producción y comercialización de maquinaria y productos de limpieza. Su sede central se encuentra en Valladolid, allí se ubica la fábrica de la maquinaria y el departamento desde el que se coordinan las actividades que se llevan a cabo en la empresa: venta mayorista, minorista, atención al cliente, *telemarketing,* etc.

Cada una de las sedes de la empresa cuenta con un centro de almacenamiento de productos, y sus características variarán en función del tipo de bienes que almacenan, su volumen, etc.

Los productos son artículos que se fabrican de manera artificial o natural. Desde un punto de vista más amplio, se consideran productos al conjunto de facultades tangibles e intangibles que aporta un determinado artículo. No se debe asociar un producto con un conjunto de atributos físicos, ya que cuando se adquiere los consumidores están comprando la satisfacción de sus necesidades o deseos.

Pueden clasificarse en función de diferentes criterios. A continuación, se tratarán algunos de los distintos tipos de productos dependiendo de factores como:

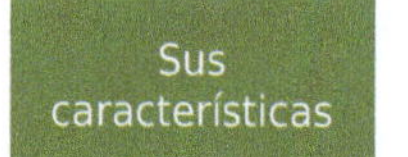


Su tratamiento en el aprovisionamiento

Su durabilidad o tangibilidad

En función de sus **características,** podemos destacar los siguientes tipos de productos:

- **Producto terminado:** son los materiales logrados como consecuencia de un proceso de fabricación.
- **Producto acondicionado:** es el resultado de añadir a un producto final el acondicionamiento, es decir, que sean aptos para el transporte y su uso.
- **Subproductos:** son los materiales no deseados, que se obtienen inevitablemente de cualquier proceso de fabricación y que tienen un determinado valor.
- **Coproductos:** a menudo la fabricación de un producto lleva consigo inevitablemente la producción de otro que es tan imprescindible como el primero.
- **Semielaborados:** productos intermedios que aún deben sufrir transformaciones.
- **Componentes:** son las materias primas y los productos semielaborados que intervienen en la fabricación del producto terminado.
- **Repuestos:** materiales que, aunque se comercializan por sí como tales, están relacionados con la existencia de productos principales de los que son componentes.

Otra de las clasificaciones de productos que puede hacerse, los cataloga según su **tratamiento en aprovisionamiento.**

Es posible que las empresas decidan tener *stock* de determinados materiales, pero de otros no. Las **razones** son múltiples y pueden estar relacionadas con:

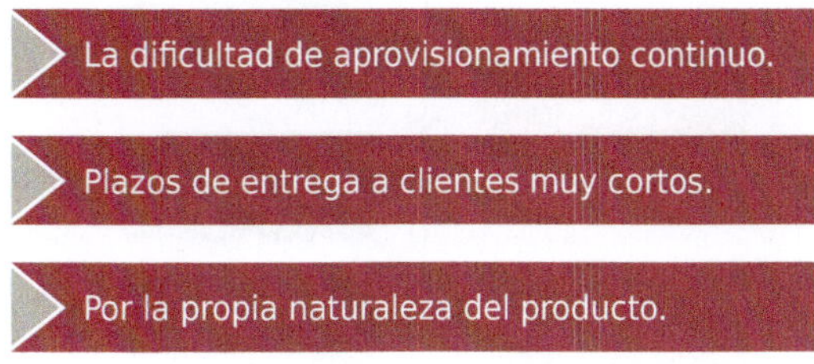

## EJEMPLO

La electricidad solo puede almacenarse en muy pequeñas cantidades y a un coste muy alto.

Los **tipos de aprovisionamiento** se pueden clasificar:

El aprovisionamiento por punto de pedido consiste en realizar los pedidos de materiales cuando en el almacén se tiene una determinada cantidad de *stock*. Por otro lado, la planificación según las necesidades consiste en prever la demanda futura de un determinado artículo y realizar el aprovisionamiento conforme a dicha predicción.

Observa, en el siguiente esquema, la clasificación de productos según su durabilidad o tangibilidad.

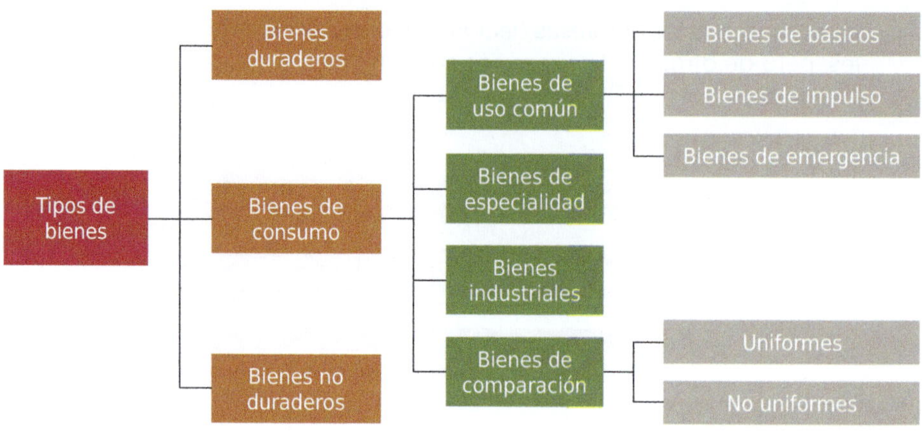


Los bienes duraderos son productos tangibles que **suelen sobrevivir al uso,** por otro lado, los bienes no duraderos son aquellos productos tangibles que **se consumen en una o varias veces** que se utilicen. Los bienes de consumo son los adquiridos por los **consumidores u organizaciones para el consumo,** y pueden ser bienes duraderos o no duraderos.

## EJEMPLO

Como bienes de consumo duradero se puede citar un vehículo, una vivienda o un frigorífico; como bienes de consumo no duraderos cabe destacar los alimentos, tinta para la impresora o jabón y, por último, como bienes de consumo un teléfono móvil o un ordenador.

Dentro de los bienes de consumo podemos encontrar la siguiente clasificación:

- Bienes de uso común: se adquieren con cierta **frecuencia,** de manera **inmediata** y con un **esfuerzo mínimo** en la comparación y la compra; por ejemplo, como bienes de uso común se pueden citar los siguientes: agua, sal, chicles, etc. Dentro de los bienes de uso común se encuentran los siguientes:
    - Bienes básicos: aquellos que los consumidores adquieren de forma habitual (por ejemplo, el pan o la leche).

- Bienes de impulso: se compran **sin planearse o buscarse,** por lo general se encuentran al alcance en muchos lugares, por lo que los clientes rara vez los buscan (por ejemplo, el chocolate o los chicles se encuentran junto a la caja registradora).
- Bienes de emergencia: estos bienes se compran cuando el consumidor tiene una necesidad urgente (por ejemplo, un paraguas en un día de lluvia).

- Bienes de especialidad: son bienes con particularidades especiales, por los que un grupo de compradores está dispuesto a realizar un **esfuerzo de compra.** Se pueden considerar bienes de especialidad los siguientes: edición especial de una botella de vino, vehículos, etc.
- Bienes industriales: son adquiridos por individuos u organizaciones para procesarlos o usarlos en la conducción de algún negocio. Como bienes industriales se puede destacar la maquinaria especializada, entre otros.
- Bienes de comparación: habitualmente pasan por un transcurso de selección durante el cual el cliente los compara en cuanto a su idoneidad, **calidad, precio y estilo.** Se pueden diferenciar los siguientes:

  - Bienes de comparación uniformes: similares en cuanto a la calidad, diferentes en relación al precio. Como ejemplo cabe destacar la ropa de calidad similar a precios diferentes.
  - Bienes de comparación no uniformes: las características del producto son normalmente más importantes que el precio. Un ejemplo puede ser la máquina de autodiagnosis de un taller mecánico que tenga instalados los programas de determinados vehículos.

Siguiendo con la clasificación de los bienes atendiendo a su tangibilidad y durabilidad se deben destacar los **servicios,** siendo estos productos intangibles, que se consumen en el momento que se generan. Como ejemplos de servicios se puede destacar la sanidad, un corte de pelo o la formación.

Atendiendo al sector de actividad en el que se desarrolle la actividad empresarial, se pueden clasificar las empresas en:

| Empresas de producción | Empresas comerciales | Empresas de servicios |
|---|---|---|
| - Modifican la materia prima para convertirla en productos elaborados o semielaborados.<br>- Tipo de *stock:* subproductos, coproductos, productos semielaborados o componentes. | - Actúan como intermediarios, se dedican a la compraventa de productos.<br>- Tipo de *stock:* productos acondicionados, expuestos al consumidor final, bienes de uso común, bienes de comparación y bienes de especialidad. | - No producen bienes, pero ayudan a conseguir el bienestar de la población; educación, salud, etc.<br>- Tipo de *stock:* personal cualificado para la prestación del servicio o gastos de un servicio que aún no se ha podido prestar o no ha concluido. |

Como has podido observar, cada una de ellas necesitará contar con un tipo de existencias, por ejemplo, un aserradero tendrá entre sus existencias tablas de diferentes medidas, serrín, productos para el tratamiento de la madera, repuestos de piezas de desgaste de la maquinaria, etc.

Ya has visto las características de cada tipo de productos; a continuación verás las condiciones que deben cumplirse en su conservación y almacenamiento.

## 2.1. Condiciones de conservación de productos

Cualquier producto necesita que se preste atención a su conservación y almacenamiento para mantenerse en óptimas condiciones y llegar en buen estado al consumidor.

Pero los productos alimenticios necesitan una atención especial, ya que generalmente son **productos perecederos,** por lo que necesitan ciertas condiciones de tratamiento, conservación y manipulación.

### SABÍAS QUE...

Se calcula que más del 20 % de todos los alimentos producidos en el mundo se pierden por la acción de los microorganismos.

Tal circunstancia trae consigo **repercusiones económicas** indudables, tanto para los fabricantes como para los consumidores y distribuidores.

Los productos alimenticios se dividen en los siguientes:

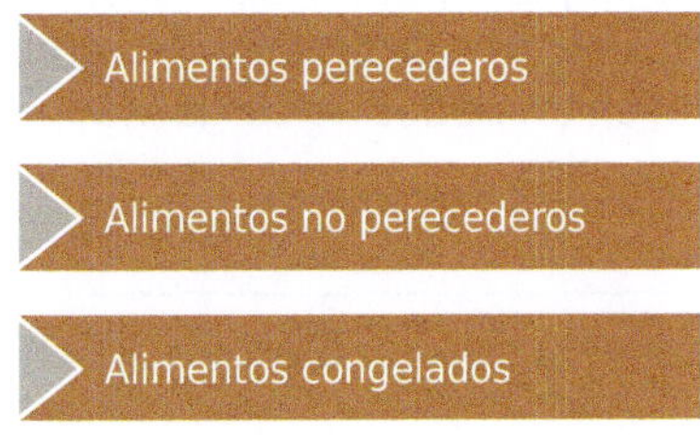


Cualquiera que sea la modalidad de venta, las condiciones genéricas de los alimentos, del material y del personal del comercio minorista de alimentos, deben cumplir los **requisitos técnicos y sanitarios** que certifiquen la inocuidad de los productos ofertados.

## Condiciones para evitar la alteración parcial o total o contaminación inicial del alimento

Durante la recepción de determinados productos en un almacén o comercio el **peligro** más relevante es la alteración o contaminación inicial del alimento que nos llega. Para **evitarlo** hay que seguir estas recomendaciones:

- No se admitirán determinados productos que no se presenten en óptimas condiciones. Se han de **concertar estas características de calidad** con los proveedores.
- No deberán admitirse **productos de dudosa procedencia o sin garantía sanitaria** reconocida (huevos caseros, miel sin etiquetar, etc.).

Para ello, hay que tener en cuenta una serie de aspectos en el proceso de recepción de alimentos, estando este debidamente controlado y **evitando así una posible contaminación.** Estas son las variables que se deben tener bajo control para garantizar la higiene de los alimentos:

- Las etiquetas deben cumplir con los requisitos legales; esta es una forma de asegurar que los productos que se compran cumplen con las exigencias legales.
- Las condiciones higiénicas y de temperatura del trasporte deben ser las adecuadas para cada tipo de producto, de esta forma se asegurará que

los productos que se ofrecen se encuentran en perfectas condiciones para su consumo.
- Los envases y embalajes deben estar intactos y limpios, en el caso de que no fuera así los productos podrían estar contaminados.

Los productos de limpieza podrán ser transportados en el mismo habitáculo que los productos alimenticios, teniendo en cuenta siempre que estos se deberán embalar en unidades de carga independientes, sin que exista contacto directo entre ellos.

## Condiciones para evitar la contaminación durante el almacenamiento y exposición

Los **peligros** más relevantes durante el almacenamiento, conservación y exposición de los alimentos son los siguientes:

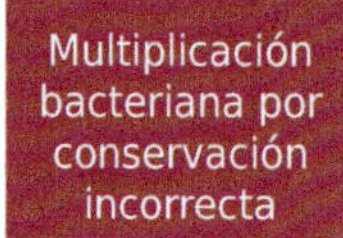

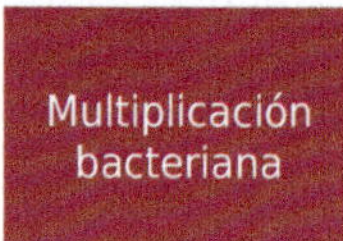

Para evitar esos peligros, es necesario seguir unas pautas durante el almacenamiento:

- La cantidad de productos almacenados no debe rebasar nunca la capacidad del almacén.
- Se utilizará el método FIFO para garantizar que no se superen los plazos de caducidad y mantener el grado de frescura en los alimentos, ya que con este método el primer producto que entra en el almacén es primero que saldrá del mismo.

## Condiciones para almacenar los productos

Dependiendo del tipo de producto, las condiciones de almacenamiento serán diferentes, debiendo hacerse el mismo a temperatura ambiente o en frío.

A **temperatura ambiente** se conservan los productos alimenticios **no perecederos,** es decir, aquellos cuya vida útil es larga y no precisan de condiciones especiales de conservación.

A continuación, se muestran algunos consejos para la conservación de productos a temperatura ambiente:

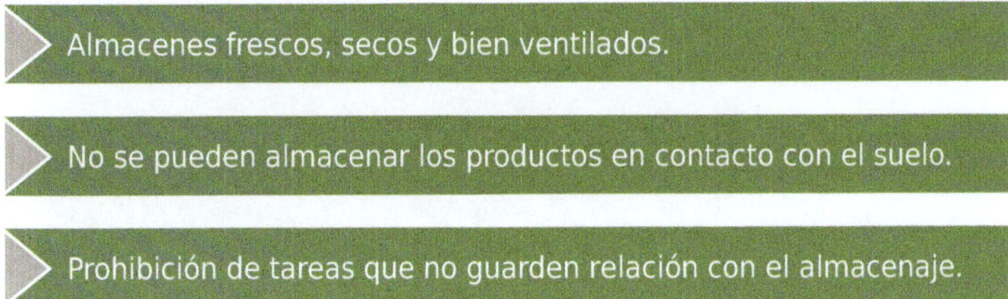


Para los **productos perecederos** que necesiten almacenarse y conservarse **en frío** puede utilizarse la **refrigeración o congelación.**

La refrigeración permite conservar alimentos perecederos por un **periodo breve de tiempo;** por otro lado, la congelación de alimentos puede alargar su periodo de almacenamiento.

### ACTIVIDAD COMPLEMENTARIA

1. Busca información sobre las técnicas y consideraciones que se deben tener en cuenta para el almacenamiento de productos en frío. ¿De qué forma llevas a cabo normalmente esta tarea? ¿Qué pautas sigues?

## 2.2. Cualidades básicas

En primer lugar es necesario saber lo que se conoce en la empresa actualmente por producto, y para ello es necesario realizar una puntualización importante, ya que aunque los servicios son un tipo de productos, se suele hablar diferenciando entre ambos conceptos, según el caso.

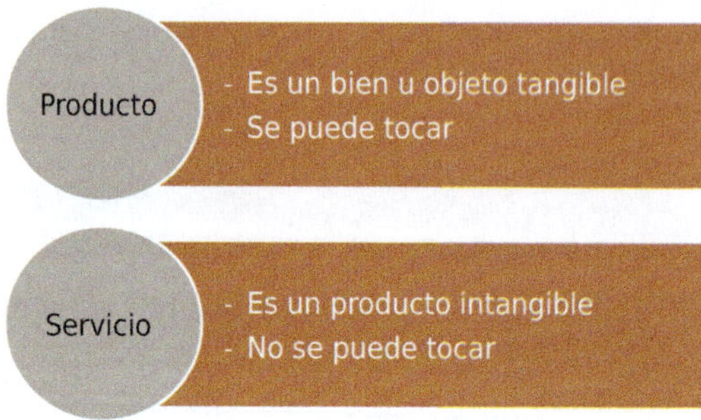


A partir de ahora, al referirse al término producto se englobará esta doble óptica: **producto tangible** (producto) o **intangible** (servicio).

Ahora bien, aparte de la tangibilidad o no del producto, este también se analiza desde un prisma **económico** y **comercial.** El análisis del producto se puede hacer desde estos puntos de vista:

- Prisma económico: bien o servicio que reúne una serie de características que permiten su venta en el mercado.
- Prisma comercial: bien o servicio capaz de cubrir las necesidades del consumidor.

Así pues, el producto es un conjunto de atributos capaces de satisfacer necesidades en los consumidores.

## 2.3. Productos especiales. Normativa aplicable

### HILO CONDUCTOR

Una parte importante del *stock* del grupo Limpisa está conformado por productos de limpieza, algunos de ellos son potencialmente tóxicos al contener disolventes y otros productos peligrosos.

A la hora de poner estos productos en el mercado, los empleados del grupo deben asegurarse de que las etiquetas son perfectamente legibles y que en la manipulación de los productos no se han deteriorado.

En ocasiones, en la gestión de *stock* existen productos especiales que no se pueden tratar de la misma forma que los productos normales. Se encuentran dentro de esta clasificación los **productos químicos peligrosos.**

Toda persona que utilice productos químicos peligrosos ha de poseer **información** adecuada sobre **su peligrosidad y las precauciones** que se deben seguir en su manejo.

La Ley de Prevención de Riesgos Laborales obliga al empresario a informar a los trabajadores de los riesgos a los que están expuestos en la realización de su trabajo, así como a formarlos en prácticas de trabajo seguras.

La **etiqueta** es la fuente de información básica y obligatoria que identifica el producto y sus riesgos. Como fuente de información complementaria existen las **Fichas de Datos de Seguridad** (**FDS**).

**Pictogramas de seguridad**

Para la gestión de estos productos químicos peligrosos deben tenerse en cuenta una serie de medidas de seguridad:

- **Reducción al mínimo de existencias:** es conveniente efectuar varios pedidos o solicitar al proveedor el suministro de un número mayor por etapas.
- **Separación:** es necesario separar las sustancias incompatibles: por el sistema de islas de estanterías se dedican estanterías a familias determinadas de forma que a su alrededor queden pasillos; y por estanterías, usando sustancias inertes u otros materiales como separadores.
  Se deberá atender a las **Fichas Internacionales de Seguridad Química,** que recogen las condiciones de almacenamiento, incompatibilidades etc., de los diferentes productos químicos.
- **Aislamiento:** ciertos productos químicos requieren estar aislados del resto de sustancias, entre ellos caben destacar los productos cancerígenos, inflamables y muy tóxicos.

### ACTIVIDAD COMPLEMENTARIA

2. Identifica la información que deben tener las etiquetas, pictogramas y hojas de seguridad disponibles para los usuarios de datos. Determina las normas básicas de seguridad e higiene a tener en cuenta en la manipulación de este tipo de productos.

## 2.4. Embalaje y conservación

El embalaje comprende el conjunto de **elementos que envuelven, presentan, protegen y conservan el producto.** El embalaje ha de ser atractivo para posibilitar un mensaje de información a los clientes sobre el precio y la calidad de la mercancía.

Pero además de proporcionar información sobre el precio y la calidad de la mercancía, el embalaje tiene otras funciones:

- Perfeccionar el sistema de distribución, el embalaje deberá tener unas características que faciliten su paletización para minimizar los costes en el transporte.

- Proteger el contenido frente a los agentes externos (luz, polvo, etc.) y facilitar la manipulación del producto por parte de los consumidores.
- Contribuir a la promoción y venta del producto, ya que este se diseñará de forma que sea atractivo y llame la atención de los clientes.

## Cómo realizar los cálculos sobre los costes de embalaje

Para calcular los costes de embalaje habrá que tener en cuenta varios **aspectos:**

Coste de materia prima | Desechos de fabricación | Tiempo de preparación de las máquinas | Coste de fabricación

### *Coste de materia prima*

Quizás este coste es uno de los más fáciles de interpretar, para calcularlo habrá que determinar cuál es el coste total unitario de los materiales que se utilizan para elaborar cada embalaje.

 **EJEMPLO**

Para elaborar 10.000 embalajes para el Producto A se emplearán 1.000 kg de materia prima (MP) con un coste de 1 €/kg. Para calcular el coste unitario del material se procederá de la siguiente forma:

Coste de MP = 1.000 € / 10.000 uds.

**Coste de MP = 0,1 €/ud.**

### *Desechos de fabricación*

Hay ocasiones en las que la producción de un determinado producto genera una serie de residuos que deben ser eliminados adecuadamente. Para proceder a la eliminación de dichos residuos, en determinadas ocasiones, habrá que contratar a agentes autorizados para su recogida y tratamiento. Estos costes habrá que sumarlos proporcionalmente a cada embalaje para calcular el coste total.

 EJEMPLO

Para la elaboración de 10.000 embalajes del Producto A, la empresa genera 30 kg de residuos que deben ser recogidos por una empresa especializada. El coste de recoger esos residuos asciende a 100 €. Para calcular los costes de los residuos que se deberán sumar a cada embalaje se procederá de la siguiente forma:

Costes por desechos = 100 € / 10.000 uds.

**Costes por desechos = 0,01 €/ud.**

*Tiempo de preparación de las máquinas*

Al coste del embalaje también será necesario sumar el tiempo que dedica la maquinaria antes ponerse en funcionamiento.

 EJEMPLO

El coste por el uso de la maquinaria es de 350 €/h, y una vez que se pone en funcionamiento esta tarda 30 min en calentarse para poder operar. Se sabe que a lo largo de una jornada laboral la máquina fabrica 10.000 envases. Para calcular los costes asociados al tiempo de preparación de las máquinas se procederá de la siguiente forma:

350 / 2 = 175 €

175 / 10.0000 = 0,0175 €/ud.

Los costes unitarios de embalaje asociados al tiempo de preparación de las máquinas ascienden a **0,0175 €/ud.**

### *Coste de fabricación*

Se deberán desglosar los costes de mano de obra de los operarios y los costes en los que incurre la empresa por poner en funcionamiento la maquinaria, en estos últimos se tendrán en cuenta los costes por suministros eléctricos, desgaste de la maquinaria y posibles reparaciones.

#### EJEMPLO

Se sabe que el coste de mano de obra de los operarios asciende a 15 €/h, y para fabricar 10.000 envases se necesitan 100 h/hombre. Para calcular el coste de fabricación unitario se realizarán los siguientes cálculos.

100 h/h · 15 €/h = 1.500 €

**1.500 € / 10.000 uds. = 0,15 €/ud.**

#### SABÍAS QUE...

La organización WPO *(World Packing Organisation)* celebra anualmente el concurso al embalaje más óptimo en cuanto a diseño y rendimiento.

### Clasificación de los embalajes para su transporte

Es importante a la hora de transportar los embalajes clasificarlos de forma adecuada, así se distinguen los siguientes **tipos de embalajes:**

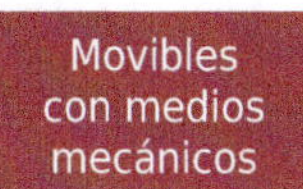


Además de esta clasificación, los embalajes se pueden clasificar en:

- **Embalaje primario:** es el lugar donde se conserva la mercancía; está en contacto directo con el público. Este tipo de embalaje se suele incorporar en la cadena de producción, sobre todo en los productos que se envasan de forma automatizada.
- **Embalaje secundario:** suelen ser cajas de diversos materiales, cajas de cartón ondulado de diversos modelos muy resistentes. En ocasiones se utilizan para transportar embalajes primarios. En el caso expuesto, este embalaje sería requerido por el departamento de envases para almacenar los embalajes primarios.
- **Embalaje terciario:** dedicado al traslado de más de un embalaje secundario. En el área de *picking* se suele trabajar con este tipo de envases, ya que en esta área se preparan los pedidos de los clientes de acuerdo a sus exigencias de productos.

### TAREA 1

Elisa llevaba varios años trabajando en una empresa que se dedica a la producción de queso. Dada su experiencia conoce perfectamente cuáles son las existencias que se emplean en el proceso productivo, pero ha decidido cambiar de trabajo.

Ahora se encuentra trabajando en un supermercado, y el surtido y las existencias con las que trabaja diariamente difieren mucho de las existencias con las que trabajaba en la anterior empresa. ¿Qué tipos de existencias encontrará Elisa en este tipo de empresa?

Realiza un cuadro en el que se distingan los tipos de existencias con las que se trabajan en las empresas comerciales, de producción y de servicios.

## 3. Clasificación de los *stocks:* clasificación ABC

### HILO CONDUCTOR

Juana es una de las directivas del grupo Limpisa; esta se encarga de asesorar a los diferentes responsables de almacén sobre las posibles mejoras que se puedan implantar en el proceso de almacenamiento.

*Continúa en página siguiente >>*

*<< Viene de página anterior*

Recientemente ha realizado un estudio sobre la conveniencia de implantar en los almacenes el sistema ABC, ¿conoces en qué consiste?

La importancia de un producto en el almacén se medirá según su:

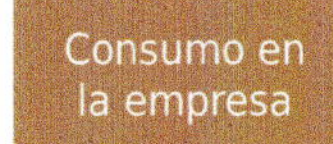

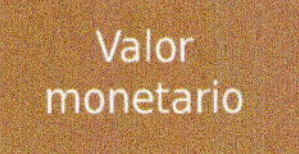


Como consecuencia, en función de estos parámetros se clasificarán de una forma u otra los productos almacenados.

Existen múltiples métodos para poder gestionar un almacén, siendo la técnica ABC la más utilizada. El **método ABC** es un sistema de gestión de almacén basado en los principios de que solo interesa un control minucioso de los productos más importantes, mientras que para los que tengan menor relevancia, bastará con una vigilancia menos rigurosa.

## EJEMPLO

Si una ferretería mantuviese un excesivo control sobre sus existencias de tornillos, el coste de esa dedicación al control sería mayor que si se mantuviera un nivel alto de existencias con el que se pueda evitar una ruptura de *stocks*.

Así, en el método ABC se establecen diferentes grupos, en los que se incluyen diferentes tipos de productos:

- Grupo A: son los artículos que precisan mayor atención.
- Grupo B: artículos de importancia secundaria y coste medio.
- Grupo C: son los artículos menos importantes.

En la siguiente tabla se presenta una clasificación de las existencias según el método ABC, en la segunda columna se indica el valor monetario de esas existencias en el almacén y en la tercera columna el volumen de existencias respecto al total.

| CLASE | VALOR TOTAL (%) | EXISTENCIAS (% del total) |
|---|---|---|
| A | Desde el 30 % hasta el 75 % | Desde un 3 % hasta un 20 % |
| B | Desde el 20 % hasta el 30 % | Desde un 20 % hasta un 40 % |
| C | Desde el 5 % hasta el 10 % | Desde un 40 % hasta un 50 % |

Tabla resumen de la clasificación ABC

## IMPORTANTE

Para clasificar las mercancías según el método ABC se necesita saber el valor de las mismas y la cantidad total de existencias para calcular los porcentajes.

Los resultados del análisis ABC representan un gráfico denominado **curva de Pareto-Lorenz.** En el eje de abscisas se representa el porcentaje del total de las existencias de cada artículo y en el de ordenadas el porcentaje del valor de la inversión que representa ese artículo en cuestión.

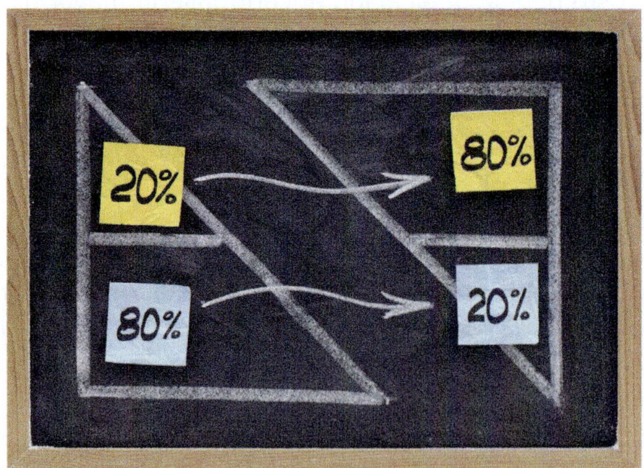


*La ley de Pareto determina que el 20 % de las existencias componen el 80 % del valor total de las mismas en el almacén.*

Un criterio importante al que se debe hacer referencia es el concepto **ruptura de *stocks*.** La ruptura de *stocks* se produce cuando en el almacén no hay existencias para abastecer los pedidos de los clientes.

Es un **coste muy difícil de calcular.** Así, por ejemplo, si el cliente se ve afectado por primera vez con el servicio, posiblemente seguirá siendo cliente de la empresa; pero si se encuentra en esta situación dos veces seguidas muy próximas en el tiempo, es muy probable que deje de ser cliente y esto **afecte a las ventas futuras.**

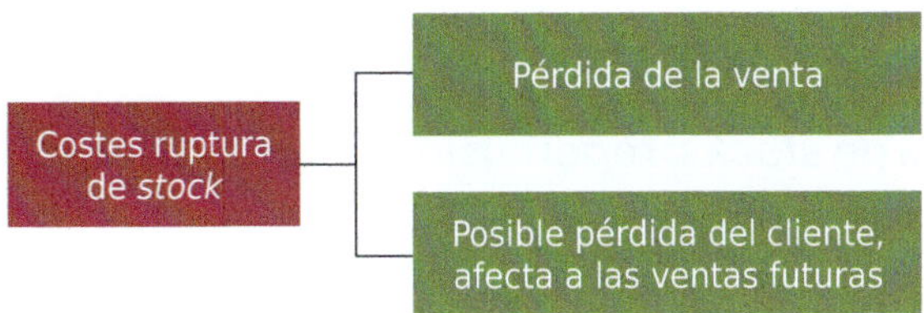


## 4. Rotación de productos: concepto

### HILO CONDUCTOR

Desde la sede principal del grupo Limpisa se realizan análisis anuales para comprobar la eficacia con la que se gestionan las franquicias. El análisis de la rotación es uno de los factores que se estudian en este análisis, ya que permitirá controlar la gestión del departamento comercial y logístico de la empresa.

Las rotaciones miden el **número de veces que una magnitud es renovada a lo largo de un periodo.** Existen diferentes tipos de rotación, cada una de ellas mide las siguientes magnitudes:

| Rotación de materias primas | Rotación de productos en curso | Rotación de productos terminados |
|---|---|---|
| - Mide el número de veces al año que las materias primas son extraídas del *stock* para ser consumidas en el proceso productivo. | - Mide el número de ocasiones al año que los productos son renovados del *stock*, convertidos en productos terminados. | - Mide el número de ocasiones al año que los productos terminados son extraídos en su totalidad del *stock* por haberse vendido. |

## 4.1. Ruptura de *stocks:* repercusiones comerciales

### HILO CONDUCTOR

Andrés es el responsable del almacén del comercio mayorista del grupo Limpisa y se encarga de llevar al día el control de *stock* de la empresa necesario para planificar las necesidades de material, puntos de pedido, etc.

¿Conoces cuáles son los distintos tipos de *stock* y cuáles son las repercusiones de una ruptura de *stock?*

Como has visto, se entiende por ruptura de *stocks* la situación en la que las empresas **no disponen de recursos para servir los pedidos de los clientes** en las condiciones en las que se especifican.

Para poder prevenir situaciones de ruptura y así poder evitar costes para la empresa, es necesario saber calcular los diferentes **tipos de *stock*:**

El *stock* mínimo es aquel que permite a la empresa mantener en funcionamiento la cadena de producción o el nivel de servicio de los clientes, en el tiempo que se tardan en aprovisionar los nuevos materiales.

## 4.2. *Stock* de seguridad: concepto y cálculo

El *stock* de seguridad es el nivel de existencias que hay en el almacén para hacer frente a posibles incrementos que se produzcan en la demanda.

También puede ser definido como la parte del *stock* total que permanece en almacén por encima del *stock* activo, como complemento del mismo para hacer frente a los posibles retrasos en los suministros de los proveedores y a las demandas anormalmente altas en determinados días o temporadas.

Mantener un *stock* de seguridad es muy importante para la empresa, pues permite dar un servicio adecuado al cliente.

El *stock* de seguridad es el **nivel mínimo de existencias que se debe tener en almacén,** que permite a la empresa mantener un nivel de servicio invariable. Permite seguir atendiendo pedidos si hubiera alguna incidencia en el aprovisionamiento o un aumento puntual de la demanda.

Es imposible prever al 100 % las demandas de los clientes, aunque es posible realizar una previsión aproximada y fiable de dicha demanda. Para ello, solo hay que preguntar a un comercial con experiencia cuáles son las ventas previstas un día normal.

### Representación gráfica

El comportamiento del *stock* en cualquier almacén sigue una trayectoria como la que se refleja en el siguiente gráfico:

**Representación del nivel de la mercancía respecto al tiempo**

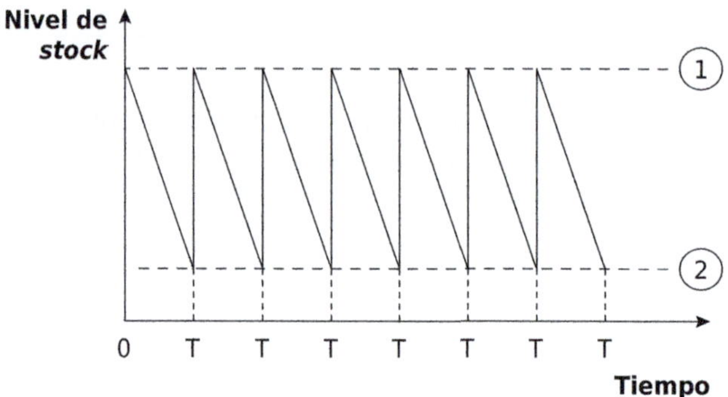


La empresa obtiene mercancía de su proveedor, con lo que el almacén se completa llegando a su nivel máximo (punto 1, ***stock* máximo).**

Posteriormente a medida que salen los productos del almacén el nivel de existencias disminuye hasta llegar al momento T, en el que se vuelve a aprovisionar y empieza el ciclo de nuevo.

Como puedes comprobar, las existencias del producto vuelven a llenar su nivel máximo antes de que lleguen a cero, es decir, la idea es pedir mercancía al proveedor antes de llegar a cero existencias. Precisamente el nivel de existencias que se deja "de reserva" es el ***stock* de seguridad** (se le ha asignado el número dos en la gráfica).

## Cálculo del *stock* de seguridad o emergencia

El método para el cálculo del *stock* de seguridad que se utiliza con más frecuencia es considerando el **plazo máximo de entrega** (PME); este es el número máximo de días que tarda un proveedor en suministrar una mercancía, de forma que:

$$SS = (PME - PE)\ VM$$

Donde:

- **PME:** Plazo máximo de entrega
- **PE:** Plazo medio de entrega
- **VM:** Ventas medias diarias

## EJEMPLO

La empresa Lucent necesita calcular el *stock* de seguridad necesario para uno de los productos que tiene en *stock* Se sabe que las ventas medias diarias ascienden a 15 uds., el plazo medio de entrega de la mercancía por parte del proveedor es de 3 días y el plazo máximo de entrega de 5 días.

¿Cómo realizarán este cálculo?

Para el cálculo del *stock* de seguridad se procederá de la siguiente forma:

**SS = (PME - PE) VM; SS = (5 - 3) 15**

**SS = 30 uds.**

El *stock* de seguridad que deberá mantener la empresa para ese producto en concreto es de 30 uds.

Aunque haya que controlar el nivel de *stocks*, manteniendo unas existencias mínimas de seguridad, hay ocasiones en las que a las empresas les interesa mantener unos niveles bajos de inventario; esto es:

- Cuando se espera un decremento en el precio del producto, ya que se podrá beneficiar de ese nuevo precio y reducir los costes de aprovisionamiento.
- Cuando los proveedores son de confianza, ya que en este caso no existen dificultades de aprovisionamiento.

## APLICACIÓN PRÁCTICA

**Pablo es el responsable de un supermercado de su localidad y para minimizar los costes de almacenaje ha decidido suprimir el *stock* de seguridad en los productos almacenados. Se sabe que en estos días se celebran las fiestas del pueblo, pero Pablo no ha realizado ningún pedido a sus proveedores que se salga de los aprovisionamientos habituales.**

*Continúa en página siguiente >>*

<< *Viene de página anterior*

**En estos días ha tenido una demanda de bebidas y alimentos más alta de lo normal, ocasionando que en el primer día de la semana el supermercado se quedara sin *stock* de determinados productos para cubrir la demanda de sus clientes. Tras hablar con sus proveedores, estos le comunican que el tiempo mínimo que tardarán en suministrar las mercancías es de dos días.**

**¿Cuáles son los principales errores de Pablo en la gestión del aprovisionamiento?**

**SOLUCIÓN**

El concepto ruptura de *stock* puede estar estrechamente relacionado con el concepto *stock* de seguridad, ya que mientras más elevado sea el *stock* de seguridad, habrá menos posibilidades de incurrir en una ruptura de *stocks.*

Los errores en los que ha incurrido Pablo para llegar a esta situación son, en primer lugar, suprimir el *stock* de seguridad de los productos almacenados, quedando de esta forma expuesto a los posibles incrementos de la demanda.

En segundo lugar, Pablo debió prever que generalmente en las fiestas locales la población aumenta el consumo de determinados productos, de modo que debió aprovisionar más cantidad de estos productos.

## 4.3. *Stock* máximo de existencias: concepto y cálculo

El *stock* que se precisa soportar debe ser el **mínimo que permita asegurar un nivel de servicio concreto,** y que permita tener el suficiente nivel de existencias en almacén para satisfacer todos los pedidos, así como hacer frente a posibles incrementos de la demanda.

## NOTA

En época de rebajas muchos economistas recomiendan bajar el precio de algunos artículos por su alto coste de estocaje, llegando incluso a regalarlos si es necesario.

Lógicamente, esta cantidad puede variar con el tiempo **dependiendo de las fluctuaciones** de la demanda. La **cantidad de pedido** es el número de unidades que se piden al proveedor cuando se realiza el pedido.

## APLICACIÓN PRÁCTICA

**La empresa Mármoles Ortiguen se dedica a la fabricación a medida de encimeras; trabaja normalmente con tres tipos de materiales: mármol, granito y gres porcelánico. Necesita hacer un pedido a su proveedor de 100 planchas de 3x2 m de mármol, 75 planchas de granito y 90 planchas de gres. Se sabe que el *stock* de seguridad de estos artículos es el siguiente:**

- **Mármol: 10 uds.**
- **Granito: 7 uds.**
- **Gres porcelánico: 9 uds.**

**¿Cuál será el *stock* máximo de la empresa?**

**SOLUCIÓN**

Para el cálculo del *stock* máximo habrá que sumar al *stock* de seguridad la cantidad de pedido, esto es:

$$100 + 10 + 75 + 7 + 90 + 9 = 291 \text{ uds.}$$

El *stock* máximo de la empresa es de 291 uds.

## 4.4. *Stock* óptimo: concepto y cálculo

El *stock* óptimo de un artículo es el que **permite hacer frente a la cantidad demandada al menor coste posible.** Hay varios modelos que tratan de determinar el *stock* óptimo.

En el siguiente esquema se pueden apreciar cuáles son los modelos de cálculo que se utilizan para obtener el *stock* óptimo.

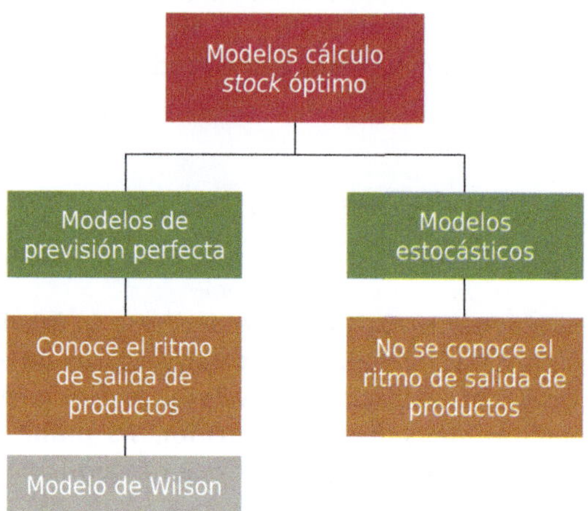


### Modelo de Wilson

Wilson estudia el caso de un establecimiento comercial, partiendo de los siguientes supuestos:

- Las **ventas** se suponen perfectamente **conocidas** y, además, se distribuyen uniformemente a lo largo del año.
- Existen unos **costes fijos** de pedido y unos costes **variables** de almacén.

En estas circunstancias se debe calcular el volumen óptimo de pedido, que permita minimizar los costes totales. Según el modelo de Wilson, la **fórmula del volumen óptimo de pedido** es la siguiente:

$$Q = \sqrt{\frac{2KD}{g}}$$

Donde:

- **K:** representa el coste de cada pedido (en euros).
- **D:** representa la demanda anual (en unidades físicas).
- **g:** representa el coste anual por cada unidad almacenada.

## APLICACIÓN PRÁCTICA

**El responsable de un centro de almacenamiento necesita conocer cuál es el nivel de *stock* óptimo para uno de sus productos. Se sabe que el coste de pedido asciende a 200 €, anualmente se venden 900 uds. de producto y el coste anual por unidad almacenada es de 3 €.**

**¿Cómo debe calcularse el *stock* óptimo?**

**SOLUCIÓN**

Para el cálculo del *stock* óptimo se empleará la siguiente fórmula:

$$Q = \sqrt{2KD} /g;\ Q = \sqrt{120.000}$$

$$Q = 346{,}41 \text{ uds.}$$

Redondeando obtenemos que el *stock* óptimo para este producto es de 346 uds.

### 4.5. Periodicidad y métodos de punto de pedido

Para realizar el aprovisionamiento de un producto hay que tener en cuenta una serie de aspectos que se detallan a continuación:

- **Plazo de aprovisionamiento o de suministro:** es el periodo de tiempo que transcurre desde que se detecta la necesidad de aprovisionar un producto, hasta que el producto está a disposición de la empresa. Está condicionado por una serie de actividades que determinan su duración:
    - **Actividades de la empresa:** tiempo que transcurre desde que la empresa detecta la necesidad hasta que se elige el proveedor.
    - **Actividades del proveedor:** tiempo que transcurre desde que el proveedor recibe el pedido hasta que se envía.
    - **Otras actividades:** tiempo de transporte.
- **Cantidad a pedir:** esta cantidad variará en función de la demanda de los clientes, la política de *stocks* de la empresa y las particularidades del aprovisionamiento. Así, se establece cuál es la cantidad más económica a pedir.
- **Momento de realización del pedido:** para determinarlo hay que tener en cuenta dos aspectos fundamentales:
    - **Número de días** que tarda el proveedor en suministrar la mercancía.
    - **Ventas previstas** durante ese tiempo.

## IMPORTANTE

El plazo de aprovisionamiento es el periodo de tiempo que transcurre desde que se detecta una necesidad de abastecimiento hasta que el producto se encuentra a disposición de la empresa.

## TAREA 2

Marcos es gerente en el almacén de un supermercado, debido a que necesita ausentarse durante varias semanas, ha delegado algunas de sus tareas a David. Este no conoce los métodos que utiliza Marcos para gestionar el *stock* del almacén, y sus decisiones han ocasionado que la empresa se quede sin existencias de varios productos, y que se haya excedido en los pedidos de otros, ocasionando que estos se deterioren en el almacén.

*Continúa en página siguiente >>*

*<< Viene de página anterior*

Reflexiona sobre cuáles han sido los errores de David en relación a la gestión del *stock*, definiendo cada uno de los aspectos que debió tener en cuenta (*stock* óptimo, mínimo y rotura de *stock)* e identificando los parámetros que se deben considerar para calcularlos.

Una vez considerados los parámetros anteriores, es necesario establecer cuánta mercancía se ha de pedir al proveedor; existen diversas maneras que indican cuándo realizar este proceso:

- **Método de punto de pedido:** nivel de existencias que una vez alcanzado provoca el pedido.
- **Reposición por nivel:** la señal para iniciar el reaprovisionamiento es una marca en el nivel de *stock*.
- **Método uno por uno:** la salida de una unidad es la señal para iniciar el reaprovisionamiento de otra unidad.

## EJEMPLO

Un concesionario de vehículos pedirá a su proveedor un modelo determinado de coche una vez que lo ha vendido. Se produce una venta (salida) y automáticamente se inicia el proceso de reaprovisionamiento (se pide otro vehículo).

Sin duda el método más importante para calcular el momento de realización del pedido es el **método de punto de pedido.** En la siguiente actividad se muestra de forma explicativa cuáles son los pasos para calcular el punto de pedido.

## APLICACIÓN PRÁCTICA

**Un proveedor tarda cinco días en suministrar la mercancía, la empresa prevé que en esos cinco días va a vender una media de 20 uds. diarias y cuenta con un *stock* de seguridad de 20 uds.**

*Continúa en página siguiente >>*

<< Viene de página anterior

**Identifica el momento en el que es necesario realizar el pedido.**

**SOLUCIÓN**

La empresa debe hacer el pedido antes de que se acabe la mercancía, si no tendrá que acudir al *stock* de seguridad y puede que no mantenga el nivel de servicio.

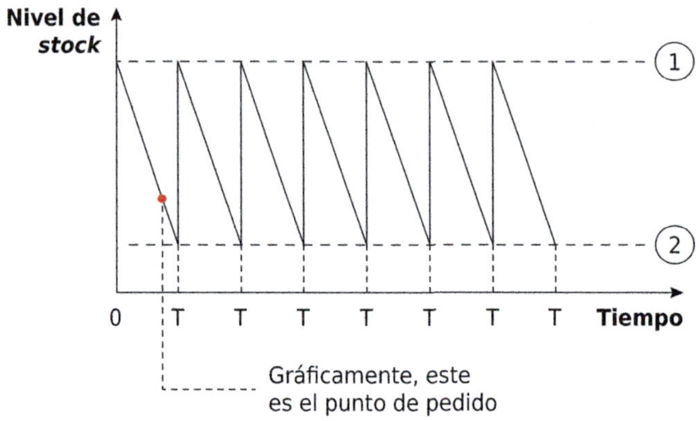


Para calcular el punto de pedido primero se multiplica el consumo diario de materia prima por el tiempo de aprovisionamiento y al resultado habrá que sumar el *stock* de seguridad.

$$20 \times 5 = 100;\ 100 + 20 = 120$$

Habrá que realizar el pedido cuando en el almacén haya 120 uds. de producto.

## TAREA 3

Andrés es gerente de un comercio que se dedica a la importación de vino donde el *stock* máximo del almacén es de 10.000 uds., los proveedores tardan en suministrar los pedidos 3 días, las ventas diarias ascienden a 250 uds. y la empresa cuenta con un *stock* de seguridad de 500 uds.

Continúa en página siguiente >>

*<< Viene de página anterior*

En base a los datos proporcionados, ¿cuál sería el punto de pedido? Calcúlalo y represéntalo gráficamente.

# 5. Inventario

## HILO CONDUCTOR

Dada la personalidad jurídica del grupo Limpisa, este está obligado a presentar anualmente ante las autoridades competentes una relación detallada de su inventario.

Juana, directiva encargada del asesoramiento en cuestiones de almacenaje, es la encargada de su realización, pero dadas las dimensiones de la empresa y la complejidad del mismo, esta necesita rodearse de un gran equipo para realizarlo.

El inventario puede definirse atendiendo a dos puntos de vista diferentes:

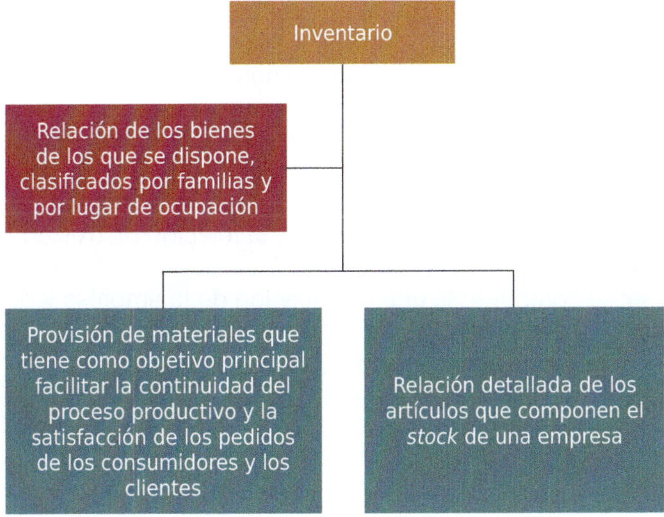

Por otra parte, las decisiones en materia de inventarios se encuentran condicionadas por las referentes al proceso de producción y a la capacidad de las instalaciones.

## 5.1. Tipos y partes del inventario

Existen múltiples **métodos de clasificación de inventarios,** a continuación se pueden ver los más importantes:

- Inventario de materias primas: regulan las entradas de materiales por parte de los proveedores.
- Inventario de productos semiterminados: regulan aquellas fases del proceso cuyos ritmos de producción difieren, siendo las salidas de unos las entradas de las siguientes.
- Inventario de productos terminados: regulan los ritmos de ventas y el de generación de productos.

## 5.2. Partes de un inventario

El inventario recoge una **relación detallada y valorada de existencias** de una empresa en un momento determinado. Por tanto, se debe elaborar en un documento físico o informático y estará conformado por las siguientes partes:

- **Encabezamiento:** aparece el número de orden del inventario, nombre de la empresa y dirección.
- **Cuerpo:** es la parte fundamental del inventario, aquí aparecen todos los elementos debidamente valorados, haciendo constar, en su caso, el número de unidades y el precio unitario. Si estamos hablando de un inventario de existencias, aparecerá la relación de existencias, cantidad y valor.
- **Pie:** se compone de una certificación de la empresa y de la fecha en el caso de que esta no se coloque en el encabezado.

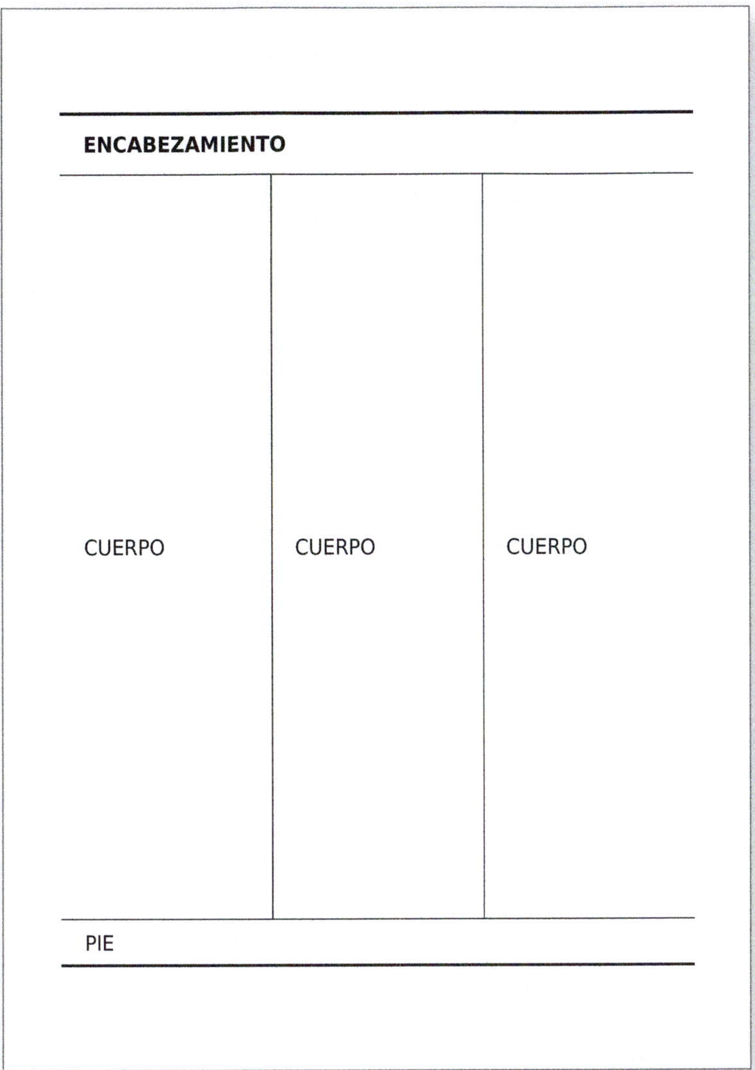


*Partes de un inventario*

## 5.3. Finalidad y aspectos a tener en cuenta en la realización del inventario

El fin o los objetivos principales en la elaboración de un inventario son:

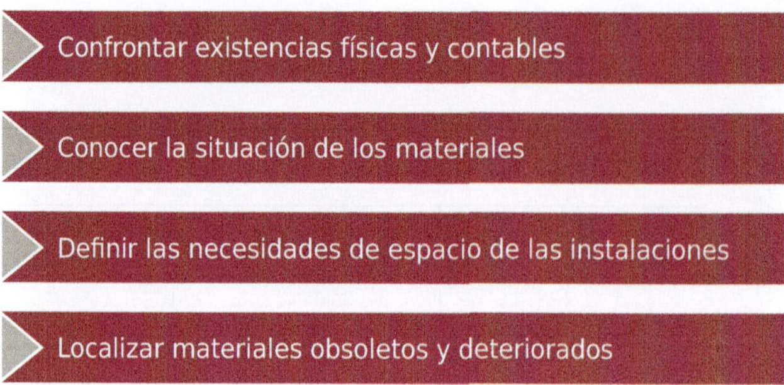


Antes de elaborar un inventario se han de tener en cuenta ciertas consideraciones para garantizar su **correcta ejecución** y unos **resultados adecuados:**

- **Decidir la época del inventario:** esta deberá coincidir con el periodo de menor actividad, para evitar complicaciones y disponer de más personal.
- **Instruir al personal:** sobre la finalidad del inventario y las reglas a seguir. Se deben nombrar a los responsables del proceso para que seleccionen y formen al personal que realizará el inventario, incluso deberán examinar los productos inventariados para comprobar que no hay errores.
- **Preparar el almacén:** ordenar la mercancía de forma racional para controlarla más rápidamente. Es importante marcar los artículos vendidos pero que aún no han salido del almacén.
- **Preparar los datos impresos:** serán el soporte donde se anotarán las diferentes cantidades inspeccionadas. El formato debe permitir:

    - Disponer de los objetos inventariados por grupos o categorías, con la descripción de sus características físicas y de mercado.
    - El código de cada mercancía, cantidad, descripción y la unidad de medida para cada artículo.
    - El valor de cada mercancía.

## 5.4. Fases en la ejecución de un inventario

La ejecución del inventario tiene unas fases bien definidas y concretas; estas se exponen en el siguiente esquema:

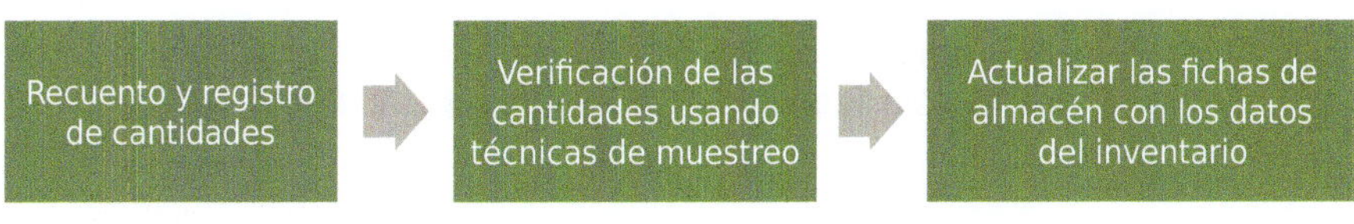

Imagina que has realizado el inventario de un almacén de electrodomésticos, con su correspondiente verificación (recuento y repaso de todo de nuevo). Cuando te diriges a la oficina del almacén con los datos ya verificados, te das cuenta de que, según las fichas de almacén, el número de lavadoras y lavavajillas no se corresponde con los resultados del inventario. Como tus datos están comprobados y se basan en un recuento físico de las unidades existentes, se aceptarán como más fiables y válidos, así que habrá que corregir la información de las fichas de almacén, en el sistema de registro del almacén en cuestión.

## 5.5. Principios y métodos de valoración de inventario

Tal y como has visto, en la realización de un inventario se distinguen dos momentos claramente diferenciados, el **recuento físico** y la **valoración de los productos.**

**ZAPATOS**

Inventario del 20 de Diciembre de 2024

| Código | Artículo | Tallas/Números | | | | | | | |
|---|---|---|---|---|---|---|---|---|---|
| | | 35 | 36 | 37 | 38 | 39 | 40 | 41 | 42 |
| N9933 | Zapatos salón negro. | 6 | 5 | 5 | 9 | 12 | 11 | 3 | 7 |
| N2347 | Zapatos colegial marrón. | 2 | 1 | 5 | 6 | 8 | 3 | 4 | 6 |
| M9342 | Sandalias cuero marrón. | 4 | 2 | 5 | 6 | 7 | 9 | 11 | 3 |
| F4421 | Zapatos casual rojo. | 5 | 3 | 6 | 12 | 14 | 5 | 19 | 5 |

En el inventario, los artículos se agrupan por categorías similares y se valoran por el precio de adquisición o coste de producción.

### Métodos de valoración de inventario

La normativa recomienda de forma general aplicar una serie de criterios para valorar el inventario. La empresa tendrá el poder de decisión sobre uno u otro, pudiendo escoger el que se considere que favorece el control y gestión de la empresa.

Los métodos de valoración de inventario que recomienda el Plan General Contable son:

- **Precio medio ponderado:** consiste en calcular el valor medio de las existencias iniciales y el de las entradas ponderadas según sus cantidades.
- **FIFO:** el valor de salida de los productos del almacén es el precio de las primeras unidades físicas que entraron, de forma que las existencias salen en el orden que entraron.

Otro sistema de valoración es el denominado método LIFO. En él, el valor de salida de las existencias es el precio de las últimas que entraron. Con la última reforma del PGC **se ha eliminado este método de valoración,** ya que valora los activos por debajo de su precio de mercado y podría llevar a la especulación; por otro lado, no mostraba la imagen fiel de la empresa y en épocas inflacionistas reducía o difería el impuesto sobre beneficios.

## 5.6. Inventario contable y físico

Otra forma de clasificar el inventario es atendiendo a dos grandes grupos:

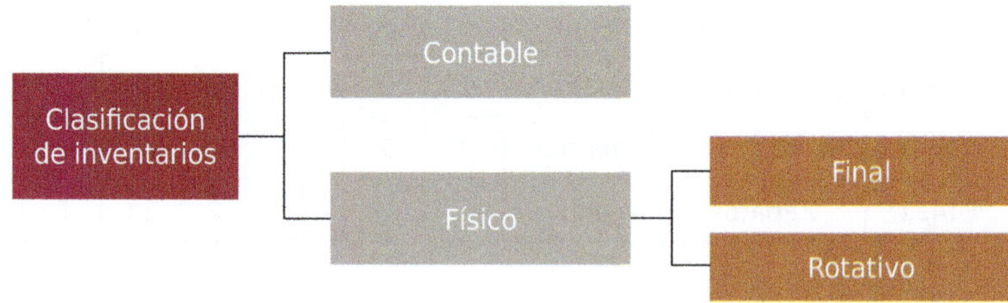

De forma general, se puede afirmar que el **inventario contable** tiene como finalidad **controlar las entradas y salidas de mercancía** para llevar un control monetario de las mismas.

Por otro lado, el **inventario físico** consiste en hacer un recuento físico de las mismas que permita conocer la cantidad existente en *stock*, luego este inventario se centra más en la cantidad que en el valor.

Como has visto, dentro del inventario físico o extracontable se encuentran **el inventario final y rotativo.**

| Inventario final | Inventario rotativo |
|---|---|
| - Se efectúa al final del ejercicio económico. En determinadas empresas, mientras tiene lugar su realización, se cancelan actividades de producción y venta o se efectúa fuera del horario de atención al público. Independientemente del tamaño de la empresa el recuento se debe realizar físicamente, por lo que necesita bastante tiempo. | - Consiste en efectuar el recuento de existencias de manera continua y sin pausar la explotación de la empresa. Las tareas de inventario se fraccionan a lo largo del ejercicio, de forma que cada sección se controla varias veces durante un año. |

## ¿Cómo se hace el inventario físico o extracontable?

El inventario físico se hace *in situ*, mediante **inspección ocular y recuento** de las unidades almacenadas para anotar las existencias, a fecha de cierre del ejercicio o en un periodo dado. Generalmente involucra a casi todos los recursos humanos de la empresa.

Cuando la participación es masiva se debe organizar adecuadamente para que no haya errores.

Esta organización la realizará el responsable que conozca las tareas que se deben realizar y prepare con tiempo el procedimiento a seguir, así como el material, fichas o soportes que se utilicen en las anotaciones, y el personal que se utilizará en los recuentos.

*El equipo de trabajo ha de ser organizado por un responsable o jefe.*

## TAREA 4

La empresa SolOliva lleva un año en funcionamiento y como responsable de la misma, vas a organizar la realización del inventario de productos.

¿Qué tipo de inventarios puede realizar? Describe los diferentes tipos, caracterizándolos y explicando la finalidad de cada uno de ellos. ¿Cuál sería el más adecuado en este caso?

# 6. La pérdida desconocida: concepto y causas

## HILO CONDUCTOR

Una vez que se realiza el inventario de productos en los almacenes de Limpisa, Juana observa que el *stock* existente es menor que el *stock* que aparece en los registros de la empresa. Se sabe que algunas de las existencias se han deteriorado en el almacén, pero aun así, estas no cubren el total de la pérdida.

¿Qué ha podido suceder?

La pérdida desconocida es la **diferencia entre el valor de la mercancía** recibida en la tienda para su puesta a la venta y el valor que finalmente alcanza dicha mercancía atendiendo a la cifra de ventas que la empresa ha recaudado. Es decir, la diferencia entre los *stocks* teóricos de acuerdo con la actividad de la empresa y los *stocks* reales.

Esta diferencia puede ser debida a varias causas:

- **Hurto externo:** personal ajeno a la empresa.
- **Hurto interno:** personas que guardan relación laboral con la empresa.
- **Errores de gestión:** fallos de gestión no intencionados.

### SABÍAS QUE...

Actualmente las pérdidas derivadas por esta problemática en nuestro país ascienden a los 800 millones de euros, según el último estudio realizado por AECOC (Asociación Española de Codificación Comercial).

## 6.1. Formas de hurto interno y externo

El **hurto interno** es el que se produce por los **empleados de la propia organización** o las personas relacionadas laboralmente con la empresa. Este tipo de hurto se puede producir de múltiples formas:

- Hurto de mercancía.
- Autoconsumos: ingerir bebidas o productos de consumo rápido.
- Hurto de dinero en efectivo.
- Manipulación de PVP.
- Confabulación con alguien externo a la empresa en la línea de cajas o en las salidas de la tienda.

Por otro lado, en la mayoría de los casos el **hurto externo** se presenta en forma de hurto de mercancías por **personas ajenas a la empresa.** Otras formas de hurto externo son:

- Pago mediante moneda falsa.
- Pago mediante tarjetas falsas o robadas.
- Modificación de precios.

## 6.2. Errores de gestión

Los errores de gestión son **fallos no intencionados** derivados de la gestión; los más comunes se analizan a continuación:

- Recepciones erróneas de mercancía: estas recepciones derivan en disonancias entre el flujo físico y el flujo de la información.
- Errores de integridad en los precios de los productos: no coinciden los precios marcados en la central con los precios de los productos, no coinciden los precios marcados en el lineal con los precios fijados en los sistemas, errores al marcar manualmente el precio en la línea de cajas, etc.
- Errores a la hora de efectuar el inventario: no registrar debidamente altas y bajas en el inventario, productos desechados por caducidad o deterioro, mermas de producto, devoluciones de productos, etc.
- Discrepancias: discrepancias involuntarias entre el número o la cantidad real de productos vendidos, y el número o cantidad teórica que adquiere el cliente.
- Promociones erróneas: 3x2 en productos erróneos, vender productos en promoción fuera del tiempo establecido, etc.
- Ventas sin autorización: se refiere a la venta de productos antes de que esté autorizada su venta, esto puede derivar en que los sistemas no registren su venta y se produzcan discrepancias en el inventario.

# 7. Gestión del aprovisionamiento

### HILO CONDUCTOR

El grupo empresarial Limpisa está conformado por varias unidades de negocio, es por ello que en cada uno de los almacenes se realiza una gestión independiente.

No obstante, Juana, en su labor de asesora, se encarga de informar a los diferentes responsables de almacén de las herramientas de gestión que se deben utilizar para gestionarlos de forma óptima.

El área de aprovisionamiento es una de las áreas más importantes en la empresa, ya que si esta no funciona adecuadamente se pueden dar grandes deficiencias en el proceso productivo.

Por ello, es necesaria una adecuada gestión de:

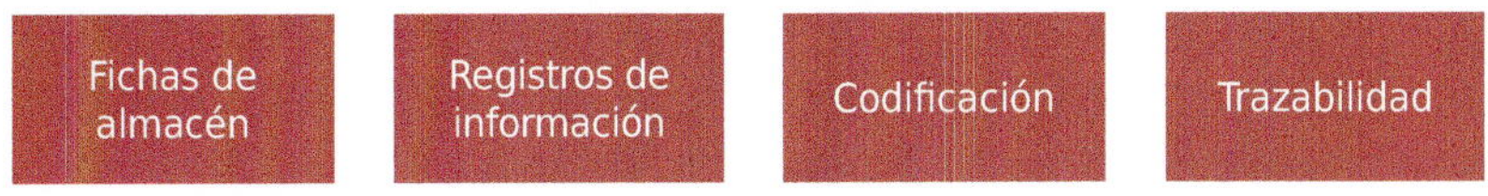


## 7.1. Conceptos básicos: entradas y salidas

La función del aprovisionamiento se encarga de la compra de materiales para la empresa, su almacenamiento y gestión.

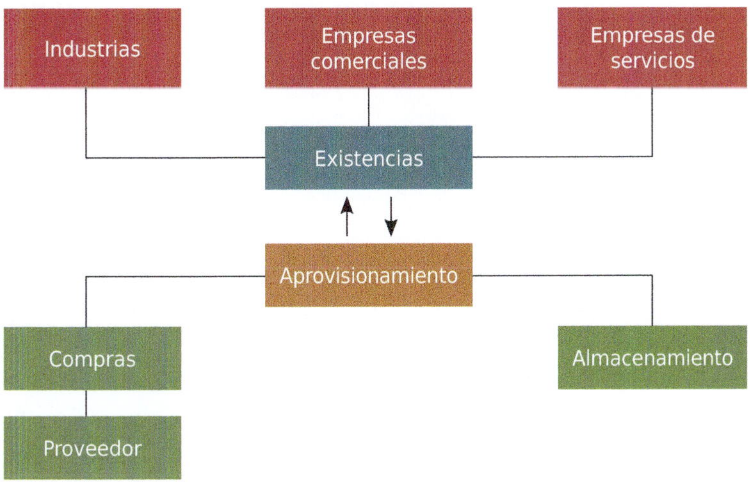


*El aprovisionamiento se encarga de comprar, almacenar y gestionar todos los materiales que a su vez forman las existencias de la empresa.*

### Albarán

Es un documento en el que se especifica la **mercancía que sale del almacén** del vendedor para entrar en el almacén del comprador, en él se detallan todas las condiciones que se indicaron en el documento de pedido.

Es un documento que contiene tres impresos autocopiativos, que tienen los siguientes destinatarios:

- El almacén del vendedor.
- El departamento de facturación del vendedor.
- Cliente.

**NOTA**

La copia firmada del cliente acredita la aceptación de la mercancía y su conformidad con los artículos recibidos.

**ALBARÁN Nº** ________

**FECHA** ________

**DATOS DE LA EMPRESA VENDEDORA**

**DATOS DEL CLIENTE**

**Datos para la entrega de la mercancía**

Entregar en:

**Nº de pedido** ________

**Portes** ________

**Bulto** ________

**Medio de transporte** ________

| Código | Descripción | Cantidad | Precio | Dto. | Importe |
|---|---|---|---|---|---|
| | | | | | |

| Base IVA | | % IVA | | Importe IVA | | Total € | |
|---|---|---|---|---|---|---|---|

| Observaciones | Firma y nombre del cliente |
|---|---|
| | |

*Modelo de albarán*

## APLICACIÓN PRÁCTICA

**Una empresa suministradora de material de obras ha suministrado un pedido de yeso a un cliente. A partir de los datos que se indican a continuación, elabore el albarán:**

- **Número de albarán: 1122.**
- **Fecha: 22/01/2025.**
- **Datos de la empresa vendedora: Pepe García García S. L.**
- **Dirección completa: C/ Sorolla, n.º 6, Polígono la Estrella, Málaga.**
- **NIF: 12345678-A.**
- **Teléfono: 952 34 56 78.**
- **Fax: 952 45 67 89.**
- **Correo electrónico: pepgargar@hotmail.com.**
- **Datos del cliente: Manolo Sánchez Sánchez.**
- **Dirección del comprador: Avda. Miramar, n.º 23, Torre del Mar, Málaga.**
- **NIF: 23456789-B.**
- **Datos para la entrega de la mercancía: Urb. Miraflores, Bajo 3, Vélez-Málaga, Málaga.**
- **Teléfono: 666 77 88 99.**
- **Número de pedido: 123.**
- **Artículos entregados: cinco sacos de yeso de 10 kg cada uno, marca “marmolillo” (código: 1234/C). El precio de cada saco es de ocho euros sin IVA (21 %).**

**El transporte de las mercancías recae sobre el vendedor (portes pagados).**

*Continúa en página siguiente >>*

<< Viene de página anterior

## SOLUCIÓN

**ALBARÁN Nº** 1122
**FECHA** 22/12/2025

| **DATOS DE LA EMPRESA VENDEDORA** | **DATOS DEL CLIENTE** |
|---|---|
| PEPE GARCÍA GARCÍA<br>C/ Sorolla, n.º 6, Pol. Estrella, Málaga<br>NIF: 12345678-A Telf: 952 34 56 78<br>Fax: 952 45 67 89<br>*e-mail:* pepegargar@hotmail.com | MANOLO SÁNCHEZ SÁNCHEZ<br>Avda. Miramar, n.º 23, Torre de Mar, Málaga<br>NIF: 23456789-B<br>Telf: 666 77 88 99 |

**Datos para la entrega de la mercancía**

Entregar en:

Urb. Miraflores, Bajo 3, Velez-Málaga, Málaga

**Nº de pedido** 123
**Portes** Pagados
**Bulto** 5
**Medio de transporte** Furgoneta

| Código | Descripción | Cantidad | Precio | Dto. | Importe |
|---|---|---|---|---|---|
| 1234/C | Saco de yeso 10 kg "Marmollllo" | 5 | 8 | | 40 |

| **Base IVA** | 40 | **% IVA** | 21 | **Importe IVA** | 8,4 | **Total €** | 48,4 |
|---|---|---|---|---|---|---|---|

| **Observaciones** | **Firma y nombre del cliente** |
|---|---|
| PORTES PAGADOS | Manolo Sánchez Sánchez |

## Notas de entrega

La nota de entrega es **muy parecida al albarán,** en determinados casos se sustituyen. Para su cumplimentación es habitual emplear aplicaciones informáticas y normalmente se generan antes de emitir la factura.

Para su validez, la nota de entrega ha de contemplar los siguientes elementos:

- Lugar y fecha de emisión.
- Código o número del documento que normalmente coincidirá con el número de la factura.
- Datos identificativos del comprador y vendedor.
- Lugar y fecha de entrega.
- Firma y sello del receptor de la mercancía.
- Descripción de los artículos vendidos y su cuantía.
- Cuantía expresada en moneda de curso legal.

Para su elaboración se pueden usar las siguientes plantillas:

DATOS DE LA EMPRESA

**NOTA DE ENTREGA Nº:** ________

FECHA: ____________________

DATOS CLIENTE

| Código | Descripción | Cantidad | Precio | Importe |
|---|---|---|---|---|
| | | | | |

| Observaciones: | Firma y nombre del cliente: |
|---|---|
| | |

**Viajes Ávila C.A.**
Calle Orinoco. Las Mercedes
Caracas, Venezuela
www.viajesavila.com

**NOTA DE ENTREGA Nº:**
**Nº DE CONTROL:**

| LUGAR DE EMISIÓN | DÍA | MES | AÑO |
|---|---|---|---|
| | | | |

| **Nombre o Razón Social:** | **REF:** |
|---|---|
| **Dirección Fiscal** | |
| | **Teléfonos:** |

| CANTIDAD | CONCEPTO O DESCRIPCIÓN | PRECIO UNITARIO | TOTAL |
|---|---|---|---|
| | | | |

ESTA FACTURA VA SIN TACHADURAS NI ENMENDADURAS

**ORIGINAL**

| | |
|---|---|
| SUB-TOTAL | |
| I.V.A. ................ % SOBRE............ | |
| **TOTAL A PAGAR** | |

Recibido por:

## La factura

La factura es un documento legal que **entrega el vendedor al comprador,** donde se detallan las condiciones del pedido. Es un medio legal de prueba que refleja las operaciones comerciales entre dos empresas.

Están **obligados a emitir facturas** los empresarios individuales o sociales que en el desarrollo de su actividad **realicen entregas de bienes o prestaciones de servicios,** incluidas las no sujetas y las sujetas, pero exentas del Impuesto sobre el Valor Añadido.

Según el **Real Decreto 1619/2012,** de 30 de noviembre, por el que se aprueba el Reglamento por el que se regulan las obligaciones de facturación, toda factura deberá contener:

- **Número** y, en su caso, serie. La numeración de las facturas dentro de cada serie será correlativa.
- La **fecha** de su expedición.
- Nombre y apellidos, **razón o denominación social completa,** tanto del obligado a expedir factura como del destinatario de las operaciones.
- **Número de Identificación Fiscal.**
- **Domicilio,** tanto del obligado a expedir factura como del destinatario de las operaciones.
- **Descripción de las operaciones.**
- El **tipo impositivo.**
- La **cuota tributaria** que, en su caso, se repercuta, deberá consignarse por separado.

**VistOPTICAL**
Valencia 46016
España

# FACTURA

Saldo adeudado
**€264,96**

| | |
|---|---|
| Fecha de la factura: | 17 jun 2025 |
| Términos: | Neto 15 |
| Fecha de vencimiento: | 02 jul 2025 |
| N.º de orden de compra: | SO-000001 |

Facturar a
**María del Rosario Barba Pinto**

| # | Artículo & Descripción | Cant. | Precio | Descuento | Cantidad |
|---|---|---|---|---|---|
| 1 | **Acuvue Oasys 6 x 2 + Solo Care 360 ml - Pack**<br>Este pack incluye dos cajas de seis lentillas Acuvue Oasys y un Líquido Solo Care 360 ml. | 1,00 | 85,50 | 0,00 | 85,50 |
| 2 | **Acuvue Oasys Astigmatism 12 pack**<br>Lentillas con Hidraclear Plus | 1,00 | 53,12 | 5,00 % | 50,46 |
| 3 | **Pack gafas VOGART**<br>Pack de gafas graduadas con cristales monofocales con montura metálica. Color granate. | 1,00 | 73,10 | 0,00 | 73,10 |

| | |
|---|---|
| Subtotal: | 209,06 |
| IVA (21%): | 43,90 |
| Cargos de envío: | 12,00 |
| Total: | €264,96 |
| **Saldo adeudado** | **€264,96** |

*Factura*

## Funciones y subfunciones del aprovisionamiento

Las funciones del aprovisionamiento se clasifican en funciones **de compras, de almacenamiento y de gestión de *stocks*.**

| Función de compras | Función del almacenamiento | Función de la gestión de *stocks* |
|---|---|---|
| - Estudiar las posibilidades del mercado.<br>- Pedir presupuestos a proveedores.<br>- Selección de proveedores.<br>- Realización de pedidos.<br>- Hacer el seguimiento de ofertas y pedidos. | - Recepción de mercancías.<br>- Colocación de mercancías en almacén.<br>- Mantener la mercancía en condiciones adecuadas.<br>- Gestión de las salidas del almacén. | - Determinar la periodicidad óptima para realizar pedidos.<br>- Determinar el *stock* óptimo. |

## Secuencia de operaciones que sigue un producto en el almacén

Cuando un producto llega al almacén, este sigue una serie de pasos desde que entra hasta que sale del mismo. A continuación, se presenta la secuencia completa.

### *Entrada de bienes*

Recepción de mercancías a través de los muelles de carga, pasando por controles de calidad, cuarentenas y cambios de embalaje necesarios.

### *Almacenamiento*

Disposición de las cargas en su ubicación con el objeto de retenerlas hasta su puesta a disposición.

### *Recogida de pedidos*

Conocida por *picking,* es el proceso por el que se recoge material abriendo una unidad de empaquetado.

*Agrupación-ordenación*

Dependiendo del procedimiento de generación de pedidos, y de la configuración del sistema de distribución, será necesario establecer un sistema para agrupar y ordenar los pedidos según las rutas de distribución.

*Salida de bienes*

El control de salidas, recuento numérico o control de calidad y el embarque en el medio de transporte correspondiente son las funciones con las que finaliza el proceso.

## 7.2. Fichas de almacén

Las fichas de almacén se emplean para **controlar tanto los movimientos de mercancías como el número** de estas dentro de un almacén.

Los movimientos de entrada y salida de mercancías originan **cambios en el inventario,** por lo que es necesario que el almacén elabore fichas con el fin de saber en cada momento los valores que posee.

<table>
<tr><td colspan="10">Nombre empresa</td></tr>
<tr><td colspan="10">FICHA DE ENTRADA DE ALMACÉN</td></tr>
<tr><td rowspan="3">Fecha</td><td colspan="4">Motivo</td><td rowspan="3">Transporte</td><td rowspan="3">Código</td><td rowspan="3">Cantidad</td><td rowspan="3">Descripción</td><td rowspan="3">Precio</td></tr>
<tr><td colspan="2">Recepción</td><td colspan="2">Devolución</td></tr>
<tr><td>Empresa</td><td>Pedido</td><td>Empresa</td><td>Pedido</td></tr>
<tr><td>9/6/25</td><td>Sony</td><td>122-TR</td><td></td><td></td><td>SEUR</td><td>11-SE</td><td>1</td><td>TV 45’</td><td>520 €</td></tr>
<tr><td></td><td></td><td></td><td></td><td></td><td></td><td></td><td></td><td></td><td></td></tr>
</table>

Los cambios en el inventario pueden ser debidos a causas muy variadas, por ejemplo, los motivos que pueden generar una entrada en el almacén son:

- Realización de una compra.
- La mercancía proviene de una devolución.

## Utilidad y contenido de las fichas de almacén

Las fichas de almacén tienen gran utilidad para la empresa, ya que:

- Permiten saber en cada momento los **movimientos de existencias.**
- Señalan los ***stocks* de existencias.**
- Ayudan a la realización de los **inventarios.**

Las fichas de almacén llevan un registro de todas las operaciones realizadas en el almacén de la empresa, ordenadas según las fechas en las que se producen. Es como un resumen de todas las fichas, tanto de entrada como de salida.

## APLICACIÓN PRÁCTICA

**Partiendo de los datos de las operaciones del almacén de la empresa Sama F. Club, ¿de qué forma rellenarías la ficha de almacén?**

| **Sama F. Club** | | | | | | | | | | |
|---|---|---|---|---|---|---|---|---|---|---|
| **FICHA DE ALMACÉN** | | | | | | | | | | |
| Artículo:<br>Clase: | | Observaciones: | | | | | | Existencias:<br>Máxima:<br>Mínima: | | |
| Fecha | Procedencia o destino | Entradas: | | | Salidas: | | | Existencias: | | |
| | | Cantidad | Precio | Valor | Cantidad | Precio | Valor | Cantidad | Precio | Valor |
| Ene | Existencias iniciales | | | | | | | 100 | 80 | 8.000 |
| Feb | Compra | 1.000 | 80 | 80.000 | | | | 1.100 | 80 | 88.000 |
| Mar | Venta | | | | 1.000 | | | 100 | 80 | 8.000 |
| Abr | Compra | 500 | 85 | 42.500 | | | | 500 | 85 | 50.500 |

*Continúa en página siguiente >>*

<< Viene de página anterior

**SOLUCIÓN**

La ficha de almacén quedaría de la siguiente forma:

| FECHA | CONCEPTO | UNIDADES | PRECIOS (por unidad) |
|---|---|---|---|
| Enero | Existencias iniciales | 100 | 80 € |
| Febrero | Compra | 1.000 | 80 € |
| Marzo | Venta | 1.000 | |
| Abril | Comprar | 500 | 85 € |

Como has visto, en el proceso de aprovisionamiento se generan diferentes documentos, siendo los más importantes **la ficha de almacén, el albarán y la factura.** Hay que prestar la atención que requiere la elaboración de cada uno de ellos, evitando así que se produzcan errores en el proceso.

## RECUERDA

Los datos que deben aparecer en una factura según el Real Decreto 1619/2012, de 30 de noviembre son:

- Número de la factura y fecha de expedición.
- Razón o denominación social completa.
- NIF.
- Domicilio.
- Descripción de las operaciones.
- Tipo impositivo y cuota tributaria.

## ACTIVIDAD COMPLEMENTARIA

3. Observa la siguiente tabla:

| **Sama F. Club** | | | | | | | | | | |
|---|---|---|---|---|---|---|---|---|---|---|
| **FICHA DE ALMACÉN** | | | | | | | | | | |
| Artículo:<br><br>Clase: | | Observaciones: | | | | | | Existencias:<br>Máxima:<br>Mínima: | | |
| Fecha | Procedencia o destino | Entradas: | | | Salidas: | | | Existencias: | | |
| | | Cantidad | Precio | Valor | Cantidad | Precio | Valor | Cantidad | Precio | Valor |
| Ene | Existencias iniciales | | | | | | | 100 | 80 | 8.000 |
| Feb | Compra | 1.000 | 80 | 80.000 | | | | 1.100 | 80 | 88.000 |
| Mar | Venta | | | | 1.000 | | | 100 | 80 | 8.000 |
| Abr | Compra | 500 | 85 | 42.500 | | | | 500 | 85 | 50.500 |

A partir de la misma, ¿qué contenido crees que debe tener una ficha de almacén? ¿Hay alguna parte de la misma que consideres que no es necesaria?

## TAREA 5

Formas parte del proceso de selección para un puesto de trabajo en la oficina de un almacén.

Como parte del procedimiento, el entrevistador te pide que describas en qué consiste cada uno de los procedimientos administrativos que se producen en la empresa, desde la entrada de bienes en el almacén hasta su salida, y que identifiques la documentación que genera cada una de estas actividades.

*Continúa en página siguiente >>*

<< Viene de página anterior

Por último, señala cuáles son los requisitos formales para completar cada uno de los documentos que citaste anteriormente.

¿De qué forma contestarías al entrevistador ante las cuestiones planteadas? ¿Cuál sería tu respuesta ante las peticiones formuladas?

## 7.3. Registro de información: etiquetas de productos

La mayoría de los datos informativos de productos se encuentran en las mismas etiquetas. Los materiales necesitan de algún sistema que permita su identificación interna; este sistema es la etiqueta.

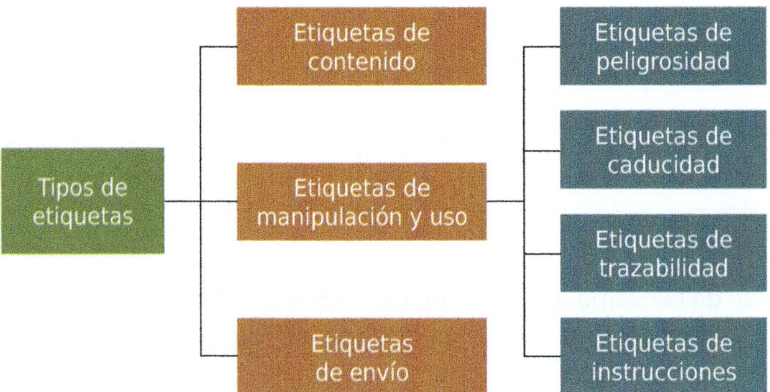


A continuación, se analizarán cada una de ellas.

### Etiquetas de contenido

Tienen como objetivo identificar el contenido del material contenido en el bulto; sus datos más característicos son:

- El código del producto que contiene y su descripción.
- Número de unidades de producto en la unidad física logística.
- Características físicas del contenido.

**NOTA**

Las etiquetas de contenido ayudan a conocer el contenido de un paquete sin necesidad de abrirlo.

### Etiquetas de manipulación y uso

Cada una de ellas tiene un objetivo diferente; algunas son opcionales y otras no.

#### *Etiquetas de peligrosidad*

Son obligatorias para todos los paquetes que contengan materiales peligrosos. Están reguladas por su tamaño, color y contenido.

**EJEMPLO**

Las etiquetas de peligrosidad se pueden encontrar en el envase de productos tóxicos como lejía, amoniaco, etc.

*Continúa en página siguiente >>*

<< Viene de página anterior

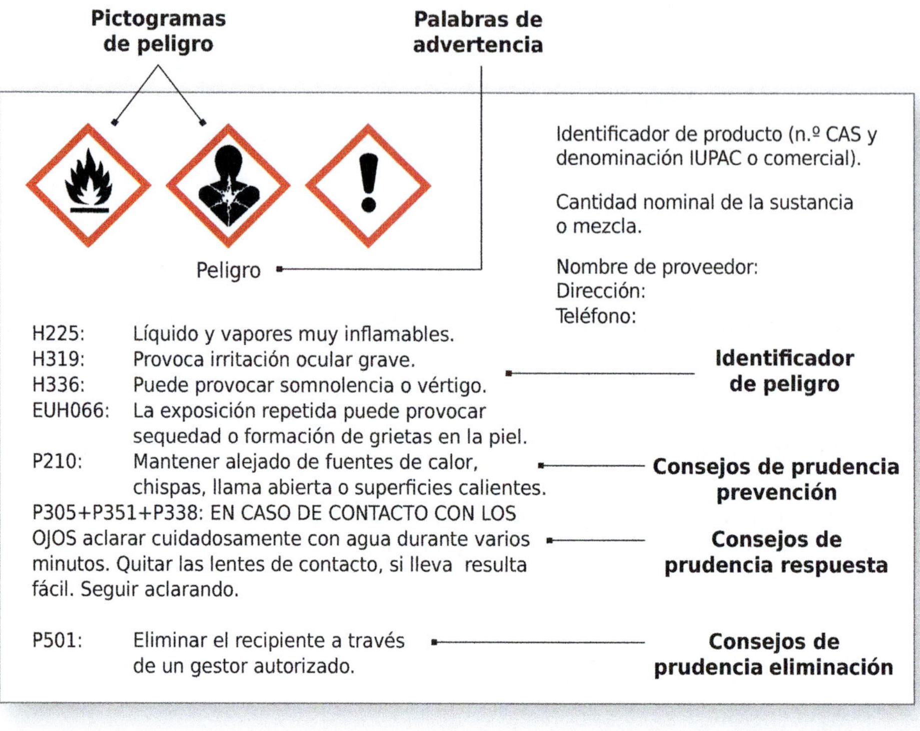


## *Etiquetas de caducidad*

Tienen información sobre las fechas de caducidad o de consumo preferente. Están sometidas a reglamentos según el tipo de producto.

## EJEMPLO

Las etiquetas de caducidad se pueden encontrar en los productos alimenticios, comida precocinada, bebidas, etc.

### Etiquetas de trazabilidad

Incluyen información del lote y las características de fabricación.

## EJEMPLO

Algunos de los productos en los que se pueden encontrar etiquetas de trazabilidad son la carne de vacuno y en los huevos de gallina.

*Continúa en página siguiente >>*

<< *Viene de página anterior*

## Etiquetas de instrucciones

Indican ciertos cuidados o precauciones que se deben tener a la hora de manipular, transportar o utilizar el producto.

 **EJEMPLO**

Las etiquetas de instrucciones se pueden encontrar en una gran variedad de productos, desde embalajes que necesitan manipularse de cierta forma, hasta prendas de ropa.

## Etiquetas de envío

Su cometido es identificar el destino del transporte. Contienen información sobre:

- Datos identificativos de destino y origen.
- Datos identificativos del número de envío al que pertenecen.
- Datos identificativos del bulto, dentro del envío.

**NOTA**

Las etiquetas de envío son muy utilizadas en el sector del transporte.

## Tipos de soporte

La información de las etiquetas requiere un soporte tecnológico para contenerla, existiendo diferentes tipos de soportes:

- **Soporte óptico:** la información puede ser alfanumérica (legible por personas) o legible por máquinas (como el código de barras).
- **Magnético:** mediante bandas magnéticas (como las de las tarjetas de crédito).
- **Inductivo:** consiste en un chip con memoria, donde se registra la información y se envía al espacio radioeléctrico una vez que se recibe una petición de identificación.

De todos los soportes que se han visto anteriormente, el más usado es el **óptico.** Dentro de ellos, y además del alfanumérico, el soporte más extendido hoy día es el **código de barras.**

*La mayoría de los artículos que se comercializan deben llevar un código de barras.*

## DEFINICIÓN

**Código de barras**

Es un sistema de codificación de artículos que permite, con los lectores adecuados, conocer información sobre un producto determinado.

## TAREA 6

"Las Crines" es una empresa comercial que se dedica a la compraventa de productos relacionados con el caballo. Sus movimientos en el almacén durante la última semana han sido los siguientes:

- 08/05/2024 - Compra (entran en almacén) 50 sillas de montar vaqueras a un precio de 150 €/ud.
- 09/05/2024 - Vende (salen del almacén) 30 sillas de montar inglesas a un precio de 350 €/ud.
- 10/05/2024 - Le devuelven 5 de las sillas que se vendieron el día anterior.

*Continúa en página siguiente >>*

<< *Viene de página anterior*

Existencias iniciales:

| Sillas vaqueras | 5 uds. | 135 €/ud. |
|---|---|---|
| Sillas inglesas | 40 uds. | 175 €/ud. |

En base a la información proporcionada:

a. La recepción de la mercancía ha provocado que se creen albaranes y facturas, indica qué información se debe incluir en dicha documentación.
b. Elabora el albarán y la nota de entrega correspondiente a la salida de mercaderías del almacén.
c. Elabora una ficha de almacén que recoja los movimientos de mercaderías que se han producido en la empresa, a partir de ahí realiza el inventario de los productos, valorándolos con el método del precio medio ponderado.

## 7.4. Codificación y trazabilidad

La **trazabilidad** hace referencia al **seguimiento del producto.** Este término tiene aplicación en diversas industrias y áreas. La trazabilidad es aplicada por razones relacionadas con mejoras de negocio que justifican su presencia.

Para lograr una correcta trazabilidad del producto se suele utilizar un sistema de **codificación** ampliamente extendido debido a sus características, el **código de barras.** Este sistema de codificación presenta las siguientes características:

- Cada artículo lleva asignado un código que corresponde únicamente a este y que puede ser leído con facilidad por lectores ópticos.
- Los caracteres se simbolizan mediante barras paralelas. Para facilitar su lectura, cada código se simboliza usando un conjunto de barras paralelas de distinta anchura y de tamaño variable.
- Para la lectura de los códigos de barra solo se pueden utilizar lectores ópticos.

La única organización que puede regular en España la asignación de los códigos de barra es la **asociación de fabricantes y distribuidores** (AECOC). Este se distribuye de acuerdo a una serie de parámetros prefijados.

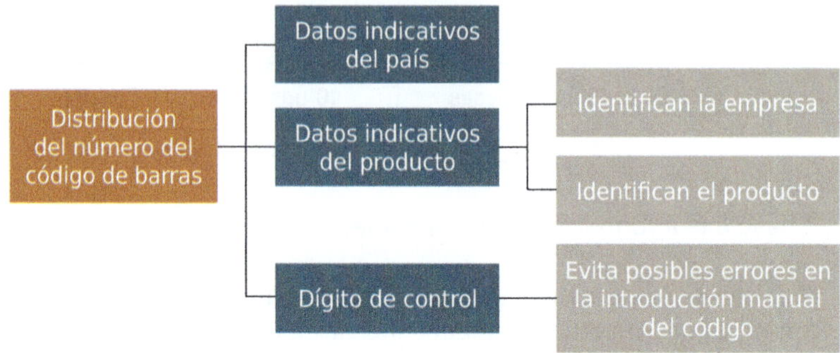

## TAREA 7

Trabajas en el departamento de diseño de envases de una empresa y en todos sus diseños debes incluir el etiquetado de los productos, que variará en función del tipo de producto que se pretenda etiquetar. Observa el contenido de las siguientes etiquetas:

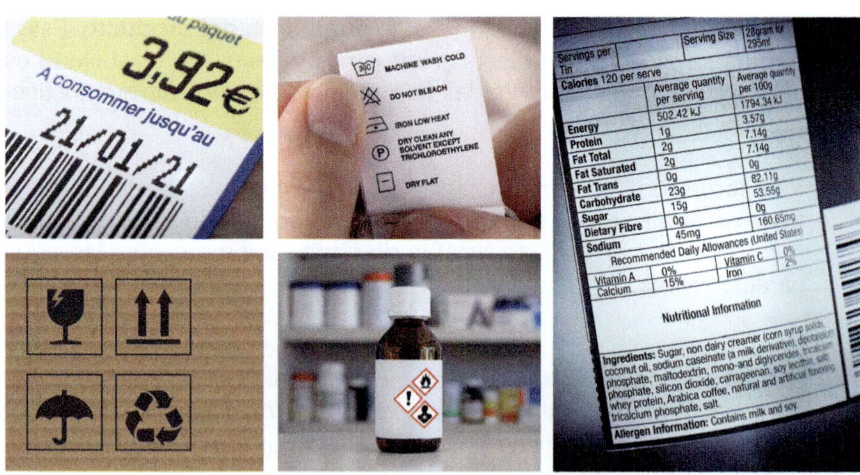


Continúa en página siguiente >>

*<< Viene de página anterior*

Identifica y describe el tipo de información que recoge cada tipo de etiquetado.

¿En qué tipo de productos suelen utilizarse cada una de ellas?

## 8. Control de inventarios

 **HILO CONDUCTOR**

Cada uno de los almacenes del grupo Limpisa es controlado de forma independiente. Debido a las dimensiones y productos con los que se tratan en cada almacén, estos deberán gestionar su inventario de una forma u otra.

No obstante, los ratios que se utilizan para controlar el *stock* son los mismos en todos los almacenes.

Todos los sistemas de inventarios incorporan un **sistema de control** para hacer frente a dos problemas importantes:

- Mantener un control sobre cada inventario.
- Asegurar que se mantengan los registros adecuados.

Así, el control de inventarios es una tarea imprescindible, ya que realiza unas funciones muy importantes en el proceso de aprovisionamiento.

| Mantener un registro actualizado de existencias | Elaboración de informes | Notificar de situaciones anormales |
|---|---|---|
| - Además deberán informar del nivel de existencias para realizar los pedidos. | - Elaboración de informes para la dirección y los responsables de los inventarios. | - Notificación de situaciones que pueden constituir síntomas de errores o de un mal funcionamiento del sistema. |

## 8.1. Ratios de control de *stocks*

Se puede definir el ratio como la **relación existente entre dos magnitudes** que ofrecerán datos, en este caso, relativos al *stock*.

A continuación, se verán algunos de los ratios más utilizados relativos a la gestión del *stock*.

La **rotación de inventarios** mide el número de veces que se renueva el inventario en el almacén.

Rotación de inventarios = Ventas netas / Inventario promedio

El **plazo promedio de inventarios** ayuda a determinar el número de días que permanece una determinada mercancía en el almacén.

Plazo promedio de inventarios = 360 / Rotación de inventarios

### Índice de rotación anual de las existencias

El índice de rotación anual de las existencias indica las **veces que las existencias totales se han renovado** en un tiempo dado.

Se calcula según los ratios que se muestran a continuación.

#### *Rotación de existencias*

Para el cálculo del ratio de **rotación de existencias** habrá que aplicar la siguiente fórmula:

Rotación de existencias = Coste anual de las ventas / Promedio de existencias

Este ratio se calculará, a ser posible, por cada tipo de existencias, actividad o líneas de negocio de la empresa. El cociente de dividir entre 365 este ratio dará como resultado el periodo medio de rotación, que es el periodo de tiempo que la empresa tarda en renovar el *stock* disponible.

#### *Rotación de materias primas*

Para el cálculo del **ratio de rotación de materias primas** habrá que aplicar la siguiente fórmula:

Rotación de materias primas = Consumo anual de materias primas / Promedio de existencias de materias primas

Al dividir el ratio resultante de la fórmula anterior por 365, dará el número de días que permanecen en el almacén las materias primas.

### *Rotación de productos en curso de fabricación*

El ratio de **rotación de productos en curso de fabricación** se obtendrá aplicando la siguiente fórmula:

Rotación de productos en curso de fabricación = Consumo anual de fabricación / *Stock* promedio de ponderación en consumo de fabricación

Dividiendo el resultado de este ratio entre 365 se obtendrá el periodo medio de fabricación.

### *Rotación de productos terminados*

Para el cálculo del ratio de **rotación de productos terminados** habrá que aplicar la siguiente fórmula:

Rotación de productos terminados = Coste anual de las ventas / Existencia promedio de productos terminados

Si se quiere calcular el plazo promedio de venta o de rotación, bastará con dividir el resultado obtenido en la fórmula anterior por 365.

## 9. Innovaciones tecnológicas

### HILO CONDUCTOR

Tanto el almacén del comercio mayorista como el almacén de la empresa productora de maquinaria del grupo Limpisa, tienen unos altos índices de rotación de *stock*.

Dada la complejidad que supone la gestión de estos almacenes, por su amplitud y número de referencias, Juana está estudiando la viabilidad de implantar en ellos un *software* de gestión de almacenes. ¿Conoces cuáles son sus características?

En las últimas décadas se han venido produciendo una serie de avances tecnológicos que facilitan la gestión de la empresa en general. El área de aprovisionamiento también se ha beneficiado de **avances tecnológicos,** ya que se ha creado un ***software* específico** para la gestión del almacén.

Este *software* permite controlar de forma eficaz la relación de la empresa con los proveedores, facilitando datos sobre la calidad de sus materiales, la fiabilidad y tiempos de entrega, etc.

En materia de inventarios, permite, mediante una serie de herramientas como lectores de códigos de barra, control por voz, etc., registrar todos los datos relativos a las recepciones, localización y entregas de productos.

### EJEMPLO

Entre el *software* específico para la gestión del almacén, puede citarse a modo de ejemplo, el siguiente:

- SGA
- ERP

## 9.1. Herramientas informáticas para la gestión del almacén: *hardware y software*

Al implantar un sistema informático para realizar la gestión empresarial, es necesario ejecutar una serie de actuaciones previas, estas se analizan a continuación:

- **La instalación del sistema.** Se deben cumplir los requisitos mínimos, que son las condiciones mínimas que deben presentar los ordenadores para poder instalar un programa.
- **Análisis de los procesos actuales de la empresa.** Se deben analizar y conocer los procesos que se realizan en las áreas que se van a automatizar. Por ejemplo, analizar cómo se hace la gestión de almacén, qué forma tienen los documentos que se emplean, qué pasos se siguen, etc., para posteriormente implantar el sistema que lo automatice.

- **Configuración del sistema informático a implantar.** Una vez conocidos y detallados los procesos, se debe adecuar la aplicación informática a los requisitos necesarios por la empresa.
- **Entrenamiento de los usuarios.** A las personas que vayan a utilizar la aplicación hay que formarlas para esa tarea.
- **Cargar los datos.** La empresa tendrá los datos previos a la implantación de la aplicación. Esos datos deberán ser introducidos en los ordenadores para que la nueva herramienta esté acorde a la situación de la empresa. Por ejemplo, imagina que se quiere implantar un programa de ordenador que ayude a llevar el control de las existencias en el almacén. Se necesitan introducir los datos del último inventario para que el programa esté "al día" de lo que hay en el almacén.
- **Diseño de los formatos de la empresa.** Todos los formatos predefinidos por la empresa, sobre todo los referidos a los documentos (como los modelos de pedido, facturas, fichas de almacén, etc.) deberán adaptarse a la nueva plataforma.
- **Pruebas de implantación.** Antes de adaptar la nueva herramienta de gestión hay que probar su correcto funcionamiento.

## Funciones de la aplicación informática de gestión del aprovisionamiento

El usuario de este tipo de aplicaciones debe conocer los conceptos relacionados con la gestión del aprovisionamiento para poder manipular con rigor la aplicación, así como las funciones que incorpora una aplicación de gestión de aprovisionamiento y facturación y los objetivos que se persiguen con su uso.

En las aplicaciones para la gestión del aprovisionamiento, se incorporarán funciones y utilidades encaminadas a:

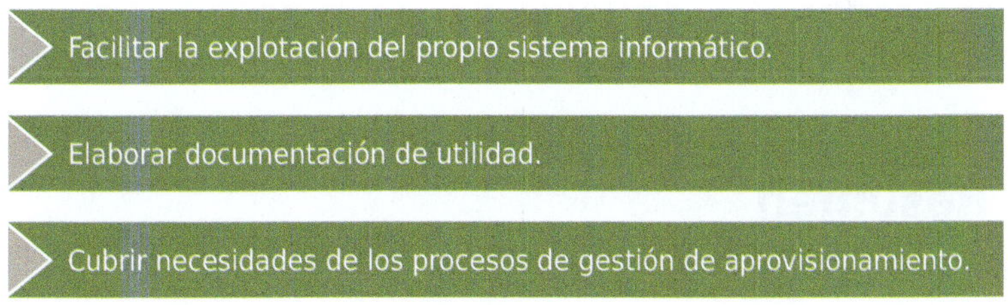


Las **funciones** que de forma genérica incorporan una aplicación **de gestión de aprovisionamiento y facturación** son las siguientes:

- **Mantenimiento de tablas:** tablas generales en las que se incluyen los datos necesarios para hacer diferentes operaciones.
- **Actualización de contratos:** ya sean contratos aceptados con los proveedores o cualquier tipo de contrato generado de la gestión del aprovisionamiento.
- **Mantenimiento y actualización de datos:** de proveedores, clientes y agentes, tanto de tipo general como datos comerciales.
- **Enlace a programas de contabilidad:** normalmente la contabilidad se separa en otra aplicación para llevarla de forma paralela a la actividad de la empresa.
- **Gestión de las entradas y salidas y control de *stock*:** realizando actividades como presupuestos, pedidos, albaranes, etc.
- **Control y mantenimiento de existencias:** en todo momento se tendrá un registro de los artículos y materias primas existentes a través del ordenador. También se analizarán en la aplicación los resultados de los inventarios.

### TAREA 8

Eres vendedor de equipos y programas informáticos especializados para empresas y hoy tienes una entrevista con un posible comprador que está buscando agilizar los procesos de creación de facturas, albaranes, notas de pedido, etc.

¿Qué información puedes darle a este cliente sobre la utilidad y aportación que realiza el uso de equipos y programas informáticos a los procesos de aprovisionamiento?

Explica cómo contribuyen los programas de gestión del aprovisionamiento a facilitar la creación y gestión de dicha documentación.

## 10. Resumen

Llevar el **control y gestión de las existencias de un almacén** no es tarea fácil, sobre todo cuando se trata de clasificarlas.

La **clasificación de los tipos de productos** se puede realizar atendiendo a sus características, su tratamiento en aprovisionamiento y su durabilidad o tangibilidad. Según esta última clasificación, se han distinguido otros **tipos de bienes:**

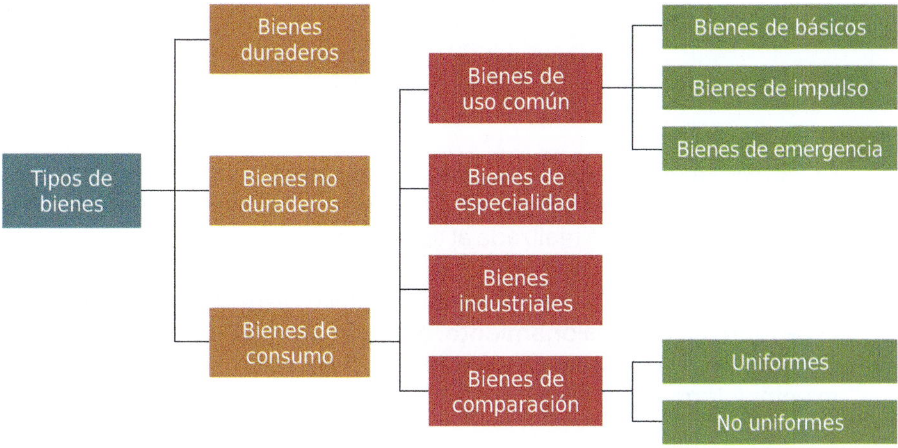


A la hora de gestionar los *stocks* existen **productos especiales,** estos, son aquellos que no se tratan de la misma forma que los productos normales. Por ejemplo, los productos químicos peligrosos.

En la **manipulación** de estos productos hay que tener en cuenta las medidas de seguridad y la normativa aplicable.

Para la correcta **conservación de los productos,** adquieren especial relevancia los **embalajes,** existiendo diferentes clasificaciones y tipos, con distintas funciones y características.

Las características de los productos, sus métodos de conservación así como las cualidades de su embalaje son criterios que se deben tener en cuenta a la hora de colocarlos y ordenarlos en el almacén.

El **inventario** es una provisión de materiales que tiene como objetivo principal facilitar la continuidad del proceso productivo y la satisfacción de los pedidos de los consumidores y clientes. Así, conocerlo y saber realizarlo y controlarlo son cuestiones clave a tener en cuenta al gestionar un almacén.

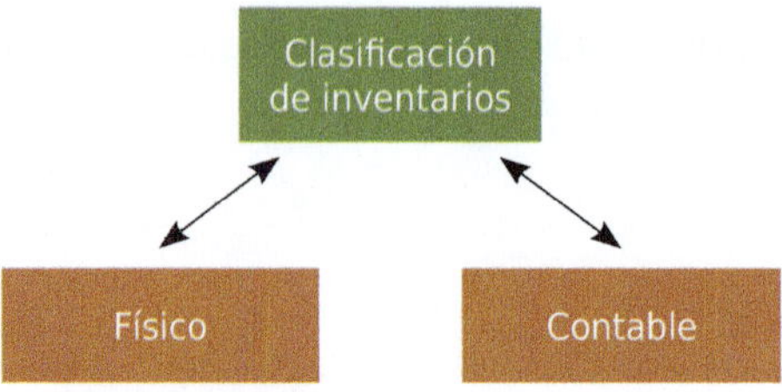


Cualquier artículo pasa por el **proceso de rotación** de un producto, en el cual en un periodo de tiempo se vende, sale del almacén, se cobra y se recupera así la inversión realizada al adquirirlo.

Asimismo, es necesario conocer todos aquellos aspectos relacionados con la **gestión del aprovisionamiento:** entradas y salidas de existencias, fichas de almacén, etiquetado de productos, codificación y trazabilidad, herramientas informáticas, etc.

# Ejercicios de autoevaluación Unidad de Aprendizaje 1

**1. Relaciona cada tipo de producto con sus características.**

a. Producto acondicionado
b. Repuesto
c. Componentes
d. Subproductos

_ Materiales que, aunque se comercializan por sí como tales, están relacionados con la existencia de productos principales de los que son componentes.
_ Es el resultado de añadir a un producto final el acondicionmiento, es decir, que sean aptos para el transporte y su uso.
_ Son los materiales no deseados, que se obtienen inevitablemente de cualquier proceso de fabricación y que tienen un determinado valor.
_ Son las materias primas y los productos semielaborados que intervienen en la fabricación del producto terminado.

**2. Determina si las siguientes afirmaciones son verdaderas o falsas.**

a. El aprovisionamiento por punto de pedido consiste en realizar los pedidos de materiales cuando en el almacén hay una determinada cantidad de *stock*.

- Verdadero
- Falso

b. La planificación según las necesidades consiste en prever la demanda futura de un determinado artículo y realizar el aprovisionamiento conforme a dicha predicción.

- Verdadero
- Falso

**3. Los bienes que se compran sin planearse o buscarse, que se encuentran al alcance en muchos lugares y que los clientes rara vez buscan, se denominan...**

a. ... bienes básicos.
b. ... bienes gancho.
c. ... bienes de impulso.
d. ... bienes de emergencia.

**4. Identifica con qué tipo de empresa relacionarías los siguientes tipos de *stock:* subproductos, coproductos y componentes.**

a. Empresas comerciales.
b. Empresas de producción.
c. Empresas de servicios.
d. Empresas del sector agrario.

**5. Determina cuáles son los peligros más relevantes durante el almacenamiento, conservación y exposición de los alimentos.**

a. Multiplicación bacteriana.
b. Contaminación cruzada.
c. Exposición a cambios drásticos de temperatura.
d. Las opciones a y b son correctas.

**6. Relaciona cada tipo de embalaje con sus características principales.**

a. Embalaje primario
b. Embalaje secundario
c. Embalaje terciario

_ Es el lugar donde se conserva la mercancía; está en contacto directo con el producto.
_ Suelen ser cajas de diversos materiales, cajas de cartón ondulado de diversos modelos muy resistentes.
_ En el área de *picking* se suele trabajar con este tipo de envases, ya que en este área se preparan los pedidos de los clientes de acuerdo a sus exigencias de productos.

**7. Identifica si las siguientes afirmaciones son verdaderas o falsas.**

a. Según el método ABC, los productos tipo A representan desde un 3 % hasta un 20 % del valor total de las existencias del almacén.

- Verdadero
- Falso

b. Según el método ABC, los productos tipo B representan desde un 20 % hasta un 40 % del total de existencias en almacén.

- Verdadero
- Falso

**8. El modelo de previsión de la demanda en el que las ventas se suponen perfectamente conocidas y se distribuyen uniformemente a lo largo del año se denomina...**

a. ... modelo de Lorenz.
b. ... modelo estocástico.
c. ... modelo sistemático.
d. ... modelo de Wilson.

**9. Ordena las fases en la realización de un inventario.**

__ Actualizar las fichas de almacén con los datos del inventario.
__ Recuento y registro de cantidades.
__ Verificación de las cantidades usando técnicas de muestreo.

**10. Determina si las siguientes afirmaciones son verdaderas o falsas.**

a. El albarán es un medio de prueba legal que refleja las operaciones comerciales entre dos o más empresas.

- Verdadero
- Falso

b. La nota de entrega es muy parecida al albarán, en determinados casos se sustituyen.

- Verdadero
- Falso

**11. Las etiquetas que incluyen información sobre el lote y las características de fabricación de un producto se denominan:**

a. Etiquetas de peligrosidad.
b. Etiquetas de trazabilidad.
c. Etiquetas de instrucciones.
d. Etiquetas de envío.

**12. Identifica qué fórmula es de aplicación para el cálculo del ratio de rotación de existencias.**

a. Consumo anual de materias primas / Promedio de existencias de materias primas
b. 360 / Rotación de inventarios
c. Coste anual de las ventas / Promedio de existencias
d. Coste anual de las ventas / Existencia promedio de productos terminados

Unidad de Aprendizaje 2

# Almacenaje y distribución interna de productos

## Contenido

1. Introducción
2. El almacén: concepto y finalidad
3. Proceso organizativo del almacenamiento de productos
4. Criterios de almacenaje
5. Distribución interna y plano de almacén
6. Seguridad y prevención de riesgos laborales
7. Resumen

## Objetivos

El objetivo específico de esta Unidad de Aprendizaje es:

- Aplicar técnicas de organización y gestión del almacén de distintos tipos de establecimientos comerciales en función de criterios previamente definidos.

# 1. Introducción

El almacén es un espacio del que disponen casi todas las empresas, ya sea de mayor o menor tamaño, contenido y complejidad. Es un área desconocida dentro de la empresa, pero muy importante en el desarrollo de la actividad de la organización.

Para organizar correctamente el almacén es necesario realizar un análisis de las características de los productos almacenados, así como del comportamiento de su demanda, ya que ambos factores son importantísimos a la hora de establecer las técnicas de diseño y organización del almacén.

Además del almacenaje, en un almacén se realizan operaciones de preparación de pedidos, acondicionamiento y otras operaciones auxiliares. Estas actividades se llevan a cabo en diferentes áreas del almacén.

Aunque los operarios del almacén desarrollen su actividad en un entorno relativamente seguro, es necesario que se tengan en cuenta una serie de medidas de seguridad y salud, que son comunes a la mayoría de depósitos de mercancías.

Para el desarrollo del contenido analizaremos el sistema de almacenaje y distribución interna de productos del grupo empresarial Limpisa, S. L., empresa líder en la comercialización y fabricación de maquinaria y productos de limpieza con sede central en un polígono industrial a las afueras de Valladolid.

# 2. El almacén: concepto y finalidad

### HILO CONDUCTOR

El grupo Limpisa cuenta con un almacén en cada una de sus dependencias. Debido a sus características, estos son gestionados de forma individual, no obstante, Juana es la encargada de asesorar a los distintos responsables sobre su gestión.

Entre los elementos que forman el sistema logístico, el almacén es una de las funciones que actúa en las dos etapas del flujo de materiales, el **abastecimiento** y la **distribución física,** constituyendo una de las actividades más importantes para el funcionamiento de la empresa.

*El almacenamiento es un procedimiento fundamental en el proceso de fabricación.*

**SABÍAS QUE...**

Las funciones del almacén muchas veces fueron olvidadas y menospreciadas, por considerarlo como la bodega o depósito donde se guardaban los materiales que producción o ventas requería.

## 2.1. Concepto de almacén

Los almacenes son aquellos recintos o instalaciones en los que se **guardan los *stocks* físicos** y en los que se realizan ciertas **operaciones auxiliares** que aportan un valor en el proceso de aproximación de los productos a su mercado, como el acondicionamiento de mercancías.

*Un almacén es un lugar o espacio físico para el almacenaje de bienes.*

Para realizar de forma eficaz estas operaciones y gestiones se aplican técnicas logísticas que nos permitirán recibir y entregar mercancías con los niveles de servicio exigidos, tanto por clientes como por la propia empresa.

No debe confundirse el almacén con la **función de almacenaje.** Un almacén es aquel lugar cuya función principal es el almacenamiento de productos. Sin embargo, no todos los lugares en los que se almacenan productos pueden considerarse almacenes.

A continuación se definen, a modo de ejemplo, dos lugares en los que se llevan a cabo funciones de almacenaje:

- **Bodega de vinos:** teóricamente es un centro de producción, ya que el producto inicial se va transformando en otro diferente de mayor valor. Sin embargo, en la bodega también se realizan funciones de almacenaje del producto.
- **Supermercado:** sobre ese *stock* se realizan funciones de almacenaje (asignación de ubicación a cada producto, reposiciones, etc.).

## Características del almacén

El almacén es un recinto ordenado destinado principalmente a contener un *stock* ya preparado para su entrega a clientes. En el siguiente esquema se pueden observar las características generales del almacén.

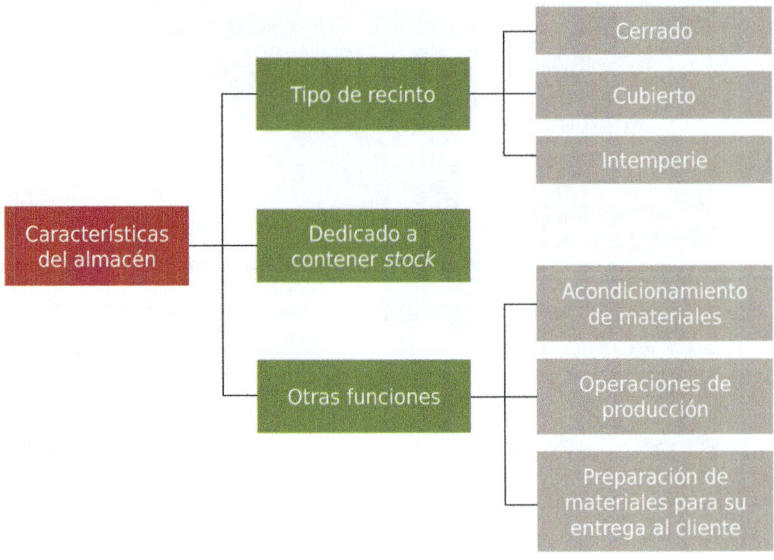


## 2.2. Evolución del almacenaje

El almacén, al igual que los demás departamentos de la empresa, ha experimentado una notable evolución a lo largo de los años. Al principio las tareas que se desempeñaban en él eran completamente manuales; esta evolución ha propiciado una mejora en la eficiencia de los procesos, ya que cada vez intervienen más elementos tecnológicos.

| Primeros almacenes | Almacenes actuales |
|---|---|
| - Utilización de la fuerza bruta para el almacenaje y movimiento de materias primas y productos terminados. | - Aumenta la tecnología:<br>- Paletización<br>- Grúas elevadoras<br>- Cintas transportadoras<br>- Transelevadores |

El primer cambio importante en la evolución del almacenaje fue la invención del **palé.**

Primitivamente el palé era una plataforma en la que, usando un equipo muy elemental, era posible incorporar productos y moverlos hasta transferirlos al medio de transporte.

## 2.3. Funciones del almacén

La forma de organizar o administrar el departamento de almacenes depende de una serie de **factores:**

- El tamaño y el plano de organización de la empresa.
- El grado de descentralización deseado.
- La variedad de productos fabricados.
- La flexibilidad relativa de los equipos y facilidades de manufactura.
- La programación de la producción.

No obstante, en todos los almacenes se realizan una serie de **funciones comunes,** estas permitirán gestionar de forma más eficiente el centro de almacenaje:

- Recepción de materiales.
- Registro de entradas y salidas.
- Almacenamiento de materiales.
- Mantenimiento de materiales y almacén.
- Despacho de materiales.
- Coordinación con departamento de inventarios y contabilidad.

A continuación, se presenta una tabla en la que se reflejan las principales **funciones y tareas** que se realizan en un **almacén:**

| | |
|---|---|
| **Recepción de las mercancías** | - Dar entrada a los materiales enviados por los proveedores.<br>- Comparar la información de albaranes y pedidos.<br>- Comprobar calidad, cantidad, características, etc., de las mercancías. |
| **Almacenamiento** | - Localizar la mercancía en el lugar más idóneo.<br>- Mejorar el acceso y la localización. |

Continúa en página siguiente >>

<< Viene de página anterior

| | |
|---|---|
| **Conservación y manutención** | - Conservar la mercancía en perfecto estado desde su entrada hasta su salida.<br>- Seguridad e higiene. |
| **Expedición** | - Entrega de la mercancía. |
| **Organización y control de las existencias** | - Determinar el nivel de *stock* de los productos almacenados.<br>- Frecuencia de pedidos, cantidad solicitada, etc. |

## SABÍAS QUE...

El almacén representa más del 30 % del coste total de la mercancía y en las empresas tradicionales, las operaciones de almacén consumen más de un 90 % del tiempo dedicado al producto que se fabrica o se comercializa; de 100 h empleadas al producto, ya sea en su fabricación o producción en las empresas industriales, o en su elaboración y preparación para su consumo en los comercios, 90 de esas horas se emplean en el almacén.

En el siguiente esquema se refleja la organización principal de un almacén, cuáles son los factores que pueden ocasionar la entrada de existencias y cuáles son los que generan salidas de *stock*.

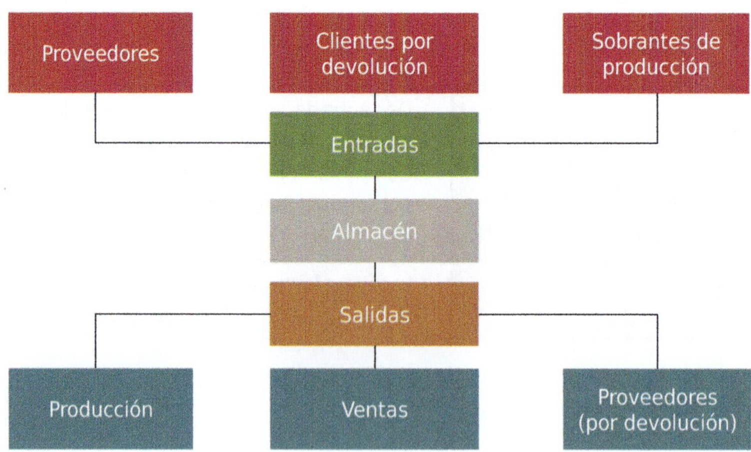

## 2.4. Relación entre *stock* y almacén

La relación entre almacén y *stock* es la existente entre cualquier continente y su contenido, por tanto, es muy importante no confundir al uno con el otro.

La **gestión de *stock*** se centra en aprovisionar de forma que su inmovilizado sea mínimo para un nivel de servicio dado. Es, por tanto, una gestión sobre el valor del *stock*.

En cambio, la **gestión del almacén** se refiere a que, con los mínimos recursos del almacén se consigan realizar todas las operaciones de almacenaje y preparación para el nivel de servicio que demanda el negocio.

Hasta tal punto quedan separadas la gestión de *stock* de la gestión del almacén que cada vez con más frecuencia se dan casos en los que las **empresas no tienen almacenes.** La empresa contrata a otra (operador logístico), ya sea para que le ofrezca espacio para almacenar su *stock* o todo el servicio de almacenaje y operación.

*No hay que confundir gestión de stocks y gestión de almacén.*

Los primeros operadores logísticos, ya existentes desde hace muchos años, eran las empresas de transporte de mercancías ajenas. La aparición de los nuevos operadores logísticos de almacenaje y preparación se ha producido en los últimos años (década de los 80).

## 2.5. Principios básicos del almacén

El almacén es un lugar especialmente estructurado y planificado para custodiar, proteger y controlar los bienes de activo fijo o variable de la empresa, antes de ser requeridos por la administración, la producción o la venta.

Los siguientes **principios** son básicos para todo tipo de almacén:

1. El personal de cada almacén debe ser asignado a funciones especializadas de recepción, almacenamiento, registro, revisión, despacho y ayuda en el control de inventarios.
2. Debe existir una sola puerta o, en todo caso, una de entrada y otra de salida (ambas con su debido control).
3. Hay que llevar un registro al día de todas las entradas y salidas.
4. Es necesario informar a control de inventarios y contabilidad de todos los movimientos del almacén (entradas y salidas).
5. Se debe asignar una identificación a cada producto y unificarla.
6. La identificación debe estar codificada.
7. Cada material o producto se tiene que ubicar según su clasificación e identificación en pasillos, estantes, espacios marcados para facilitar su ubicación. Esta misma localización debe marcarse en las tarjetas correspondientes de registro y control.
8. Toda operación de entrada o salida del almacén requiriere documentación autorizada según sistemas existentes.
9. La entrada al almacén debe estar prohibida a toda persona que no esté asignada a él, y estará restringida al personal autorizado por la gerencia o departamento de control de inventarios.
10. La disposición del almacén deberá ser lo más flexible posible para poder realizar modificaciones pertinentes con mínima inversión.
11. Los materiales almacenados deberán ser fáciles de ubicar.
12. La disposición del almacén deberá facilitar el control de los materiales.

13. El área ocupada por los pasillos respecto de la del total del almacenamiento propiamente dicho debe ser tan pequeña como lo permitan las condiciones de operación.

# 3. Proceso organizativo del almacenamiento de productos

## HILO CONDUCTOR

Cada uno de los almacenes de Limpisa se organiza en función del *stock* que contiene y sus dimensiones. Dadas las características de las diferentes unidades de negocio que componen el grupo empresarial, cada una de ellas tiene unas necesidades de almacenamiento distintas.

Es por ello que Juana, en su labor de asesora, debe comunicar a los responsables de almacén cuáles son los distintos sistemas de almacenamiento, para que adopten el que mejor se adapte a sus necesidades.

Para la buena organización de un almacén es necesario realizar un análisis de las **características físicas de los productos** almacenados, así como del **comportamiento de su demanda,** ya que ambos factores son importantísimos a la hora de establecer las técnicas más idóneas de diseño y organización de un almacén.

Existen diferentes sistemas de almacenamiento, los más importantes son:

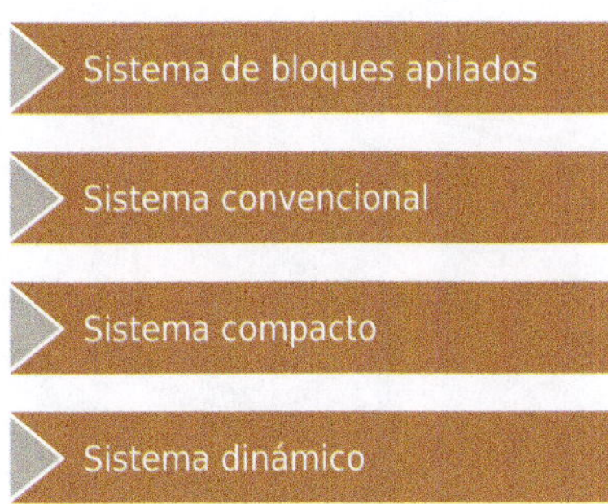

A continuación, se analizarán más detalladamente cada uno de estos sistemas, así como el proceso organizativo de almacenamiento de productos.

## 3.1. Sistemas de almacenaje

Se conoce como sistema de almacenaje a aquellos sistemas que controlan la entrada y salida de mercancía de un almacén; este es un espacio físico donde suelen guardarse las materias primas, productos finalizados o en proceso.

Los sistemas de almacenaje son fundamentales para cualquier empresa; esto se debe a que mediante ellos se puede **controlar el *stock* disponible** y también las **posibles carencias** que puedan aparecer.

### Concepto de almacenaje

La misión de los **sistemas de almacenaje** es regular el flujo de mercancías entre dos conceptos básicos: la **disponibilidad** y la **demanda.**

Los sistemas de almacenaje modernos se encuentran totalmente **automatizados,** lo que hace que se reduzca considerablemente la cantidad de personal en cada uno de los depósitos. Es así como la mercancía se manipula con máquinas especiales que se encuentran programadas y coordinadas mediante el *software* correcto.

*Los sistemas de almacenaje son aquellos que controlan la entrada y salida de mercadería desde un almacén.*

## Objetivos y factores en la elección del sistema de almacenamiento

El objetivo principal de los sistemas de almacenaje es la **optimización de costes, espacio y recorridos** sin descuidar el resguardo del producto a comercializar; es por eso que dichos sistemas están confeccionados con técnicas de ingeniería, estrategias de distribución y un especial cuidado de la estructura destinada a almacenar el bien.

El almacenamiento de materiales depende de la **dimensión y características** de los materiales. Estos pueden exigir desde una simple estantería a sistemas más complejos, que involucran grandes inversiones y complejas tecnologías. La **elección del sistema de almacenamiento** correcto depende de los siguientes **factores:**

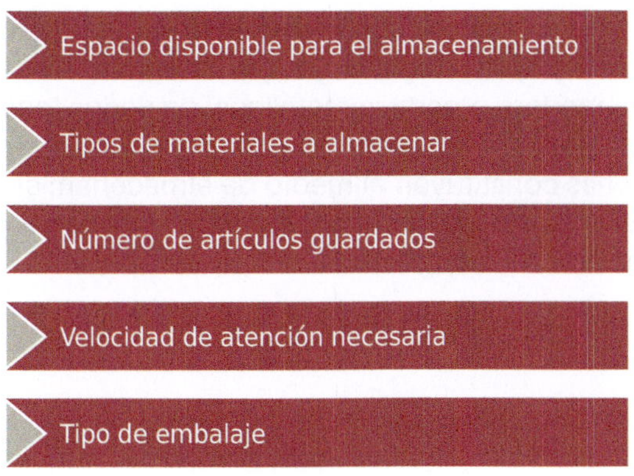


## Técnicas de almacenamiento

El sistema de almacenamiento escogido debe respetar unas técnicas imprescindibles. A continuación, se describen las principales técnicas de almacenaje.

### *Carga unitaria*

Es un conjunto de existencias contenido en un bloque (palé) de 1.100 mm x 1.100 mm, se facilita así su transporte, manipulación y almacenamiento. Se puede utilizar con todos los productos que cumplan con las condiciones necesarias para ser paletizados. Estos palés pueden ser:

- Plataformas de dos entradas.
- Plataformas de cuatro entradas.

### *Cajas o cajones*

Es la técnica de almacenamiento ideal para artículos de pequeñas dimensiones como tornillos, anillos o algunos materiales de oficina, como plumas y lápices, entre otros. Algunos materiales en procesamiento o semiacabados pueden guardarse en cajas en las propias secciones productivas. Las cajas o cajones pueden ser de metal, de madera, de plástico, etc.

### *Estanterías*

Es una técnica de almacenamiento destinada a materiales de diversos tamaños y para el apoyo de cajones y cajas estandarizadas. Las estanterías pueden ser de madera o perfiles metálicos, de varios tamaños y dimensiones. Los materiales que se guardan en ellas deben estar identificados y visibles; las estanterías constituyen el medio de almacenamiento más simple y económico. Es la técnica adoptada para piezas pequeñas y livianas cuando las existencias no son muy grandes.

### *Columnas*

Las columnas se utilizan para acomodar piezas largas y estrechas como tubos, barras, correas y varas gruesas, entre otras. Pueden ser montadas en ruedas para facilitar su movimiento. Su estructura puede ser de madera o de acero.

### *Apilamientos*

Se trata de una variación de almacenamiento de cajas para aprovechar al máximo el espacio vertical. Las cajas o plataformas son apiladas unas sobre otras, obedeciendo a una distribución equitativa de cargas.

### *Contenedores flexibles*

Se utilizan para el almacenamiento y movimiento de líquidos y sólidos a granel; su capacidad puede variar entre 500 y 1.000 kg. Suelen moverse con ayuda de apiladoras o grúas.

## 3.2. Bloques apilados

El almacenamiento mediante **bloques apilados** es aquel que se realiza a través de la superposición de **cargas unitarias** en forma de pilas, colocadas lateralmente unas junto a otras dentro del almacén, sin dejar hueco alguno entre las mismas, de manera que todo el almacén quede completamente ocupado.

*Ejemplo de almacenamiento por bloques apilados para grandes cantidades de mercancía paletizada*

No obstante, habrá que dejar **pasillos** que faciliten el acceso a cada uno de los bloques.

Este sistema se utiliza cuando la mercancía está paletizada y se recibe en grandes cantidades de distintas referencias.

Respecto al sistema de almacenamiento mediante bloques apilados se deben tener en cuenta las siguientes consideraciones:

- Se deben formar **bloques con grupos homogéneos** de productos; esto evitará que para acceder a una determinada carga deban apartarse previamente todas las que le rodean.
- Se suele utilizar en almacenes con una **altura limitada.**
- Se usa en almacenes que no tienen una gran variedad de productos.

### Ventajas e inconvenientes

El sistema de almacenamiento mediante bloques apilados presenta las siguientes ventajas e inconvenientes:

| Ventajas | Inconvenientes |
|---|---|
| - Aprovechamiento óptimo de la superficie.<br>- Reducción del número de pasillos.<br>- Utilización de medios de manutención más sencillos.<br>- Inversiones pequeñas en material de almacenamiento. | - Dificultad para coger una sola referencia a la hora de preparar los lotes de salida.<br>- Hay problemas para utilizar el método FIFO.<br>- El apilamiento puede originar inestabilidad y aplastamiento de mercancías. |

## 3.3. Sistema convencional

El sistema convencional consiste en almacenar productos **combinando el empleo de mercancías paletizadas con artículos individuales,** de tal manera que se puede preparar la expedición manualmente en los niveles más bajos de las estanterías.

*El sistema convencional utiliza más mano de obra y menos mecanización.*

Es el **sistema más empleado,** ya que permite el **acceso directo y unitario** a cada paleta almacenada; además, puede adaptarse para cualquier tipo de carga en lo que se refiere a peso y volumen.

El soporte utilizado como unidad de carga es la **paleta.** La maquinaria que se suele usar en este tipo de almacenes es la **carretilla elevadora.**

## SABÍAS QUE...

No existe un único tamaño de palé, estos pueden tener distintas dimensiones en función del uso que se les vaya a proporcionar. El palé más utilizado es el europeo, con unas dimensiones de 1.200 x 800 mm, y una resistencia a la carga de 1.000 kg.

El almacenamiento convencional es el más extendido en casi todos los sectores industriales, se caracteriza por:

- Escasa utilización de mecanismos.
- Empleo de equipos de tecnología común.
- Mayor utilización de mano de obra.

### Características

Además de lo visto anteriormente, el sistema convencional de almacenaje presenta otras características. Se pueden ver en el siguiente esquema:

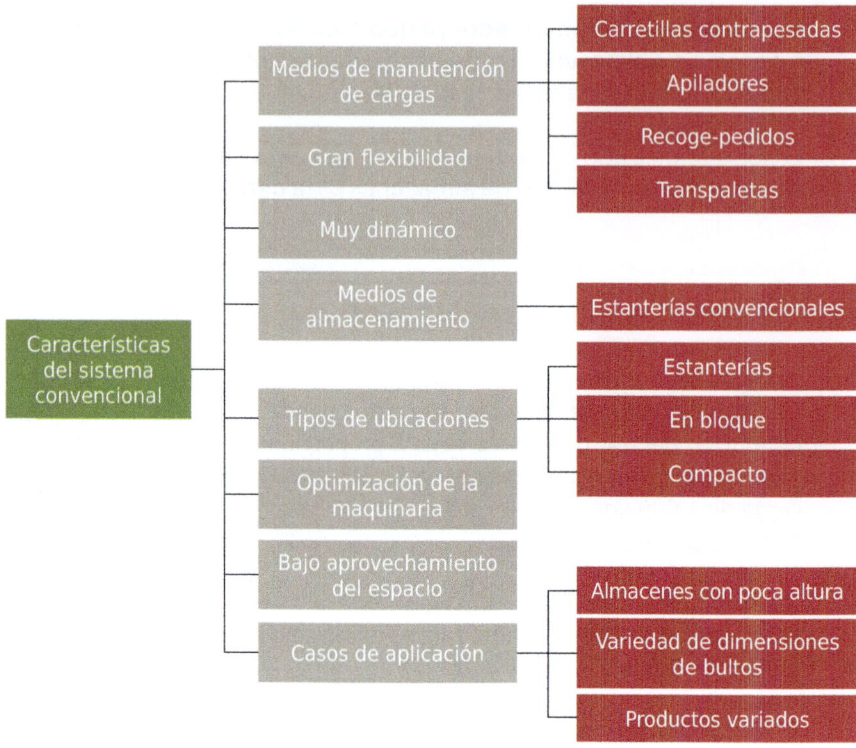


A continuación, se muestran las ventajas e inconvenientes que presenta el sistema de almacenamiento convencional:

- **Ventajas:**
  - Se adapta con facilidad y permite una distribución lógica del espacio en el almacén.
  - Su implantación es sencilla y se adapta sin inconvenientes a los programas de gestión informatizados.
  - Se puede acceder sin dificultad a las distintas paletas, localizándolas rápidamente, y la mercancía se puede manipular sin tener que mover otra que no sea la deseada.
  - Permite un control exhaustivo de las existencias siempre y cuando la mercancía esté clasificada y organizada.
  - Se detecta rápidamente la existencia de roturas en el *stock*.
- **Inconvenientes:**
  - La mercancía se almacena con paletas de una única medida, sin poder utilizar paletas con medidas distintas.

- No permite realizar la salida física utilizando el método FIFO.
- El volumen de la mercancía que se desea almacenar quedará limitado a los medios de transporte interno que se utilicen.

## 3.4. Sistema compacto

### HILO CONDUCTOR

La mayoría de los productos que se venden en los comercios minoristas de Limpisa son productos de limpieza. Dado que los almacenes de estos centros suelen ser de dimensiones reducidas y los productos no son perecederos, el sistema de almacenamiento más popular entre los gerentes del almacén es el compacto.

¿Conoces cuáles son las características de este sistema de almacenamiento?

Este sistema consiste en almacenar la mercancía con un **mínimo de pasillos** que permitan el paso de **carretillas elevadoras** entre los mismos.

El almacenamiento compacto o de gran densidad permite una ocupación excelente, tanto de la superficie como del volumen disponible del local. Es el sistema idóneo para almacenar grandes cantidades de mercancía homogénea que no tiene gran rotación.

*Almacenamiento por sistema compacto*

Este sistema de almacenamiento está conformado por un bloque compacto de estanterías, en las que solo existe una entrada y una salida a cada pasillo.

Existen tecnologías que permiten automatizar los sistemas de almacenamiento compactos sin necesidad de realizar elevadas inversiones en modificar el centro de almacenaje.

## VÍDEO

Observa este vídeo sobre la automatización de estanterías:

https://redirectoronline.com/uf00330201

### Tipos de estanterías compactas

Dentro de las estanterías compactas se pueden diferenciar fundamentalmente dos tipos distintos, el **sistema *drive-in* y el sistema *drive-through*.**

Con el sistema *drive-in,* una parte de la estantería está pegada a la pared, aprovechando mejor el espacio, aunque solo se puede acceder a los productos por la parte frontal. El flujo de productos es LIFO.

En cambio, con el sistema *drive-through* hay dos lugares de acceso a cada pasillo y se aprovecha peor el espacio, aunque permite utilizar el método FIFO.

## DEFINICIÓN

**FIFO**

El acrónimo de su denominación en inglés es *First In, First Out:* primera entrada, primera salida. El valor de salida de los productos del almacén es el precio de las primeras unidades físicas que entraron. De esta forma, las existencias salen del almacén valoradas en el mismo orden en que entraron.

**LIFO**

El acrónimo de su denominación en inglés es *Last In, First Out:* última entrada, primera salida. El valor de la salida de las existencias es el precio de las últimas que entraron. Así, las existencias salen del almacén valoradas en orden inverso al que entraron.

A continuación, se muestran las **ventajas e inconvenientes** que presenta el sistema de almacenamiento **compacto:**

- **Ventajas:**
  - Aprovechamiento excelente del almacén. Se requiere una inversión menor en la construcción y energía necesaria en el local.
  - La mercancía almacenada no sufre deterioros, ya que no se coloca una encima de otra y podemos aplicar el método FIFO.
  - El ahorro de espacio en los pasillos es muy grande, ya que la manutención es mínima.
  - Los costes elevados por las carretillas elevadoras, así como por el mantenimiento, se reducen considerablemente y el rendimiento es muy bueno.
- **Inconvenientes:**
  - Existen bastantes limitaciones para establecer clasificaciones o fechas de caducidad y permite una sola referencia por pasillo.
  - Las mercancías pueden perjudicarse cuando se manipulan dentro de las estanterías.
  - Exige que los medios de transporte interno se adapten a las dimensiones y características de las estanterías y solo admiten paletas de una única dimensión.
  - Las operaciones de manutención suelen ser lentas y una vez establecido el sistema es muy difícil modificarlo.
  - Imposibilidad de emplear de forma continua la superficie del almacén.

## 3.5. Sistema dinámico. Ventajas e inconvenientes del almacenamiento dinámico

El sistema dinámico es el que permite aplicar el **método FIFO** con la mayor simplicidad, por lo que es muy apropiado para **productos que requieren una rotación perfecta.**

El sistema de almacenamiento dinámico está especialmente recomendado para almacenar una serie de elementos concretos:

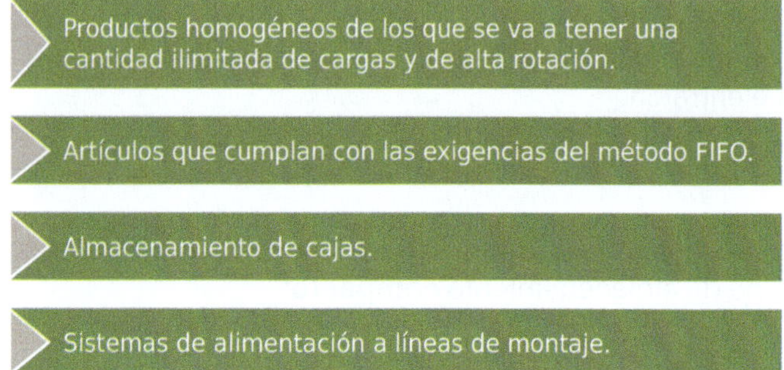


Las estanterías utilizadas son estructuras metálicas compactas, que incorporan en las diferentes alturas rodillos que pueden tener inclinación, o bien estar dispuestas horizontalmente si se aplica la automatización.

*Estantería metálica que permite la rotación de productos*

## VÍDEO

Visualiza el siguiente vídeo para conocer el funcionamiento de un sistema dinámico de almacenaje.

https://redirectoronline.com/uf00330202

## Condiciones de uso

A la hora de utilizar este sistema en el almacén es preciso tener en cuenta una serie de consideraciones:

- Las cargas se desplazan desde la entrada a la salida gracias a una ligera pendiente, entre el 4 % y el 6 %, y a la existencia de:
    - Roldanas: en el caso de cargas ligeras.

- Rodillos: en el caso de cargas pesadas.

- Guías: en caso de productos cilíndricos (bidones); en este caso la pendiente debe ser muy pequeña.

- El **frenado** resulta imprescindible para cargas que pesen más de 50 kg.
- Para cargas paletizadas existe la posibilidad de emplear los rodillos motorizados, así estos podrán ser horizontales y aumentará el **control sobre el movimiento** de productos.

*Rodillo motorizado (© Fotografía: Nice to meet you / Shutterstock.com)*

La combinación de estas estanterías, con el sistema informático, permite dos incorporaciones importantes:

- Control automático de *stock*.
- Posibilidad de que se indiquen por orden los productos a incorporar en el pedido.

## Ventajas e inconvenientes

A continuación, se muestran las **ventajas e inconvenientes** que presenta el sistema de **almacenamiento dinámico:**

| Ventajas | Inconvenientes |
|---|---|
| - El volumen ocupado por la mercancía respecto al volumen total es muy equilibrado.<br>- Permite la aplicación física del sistema FIFO.<br>- Reducción del tiempo empleado en la manutención de paletas. | - Solo permite una referencia por camino.<br>- Existe el riesgo de que una carga aplaste a otra cuando se desliza por la pendiente de las estanterías.<br>- Se requieren grandes inversiones para su implantación y presenta grandes dificultades para modificarlo. |

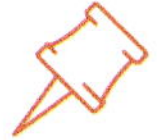

### IMPORTANTE

Antes de elegir el sistema de almacenamiento que más se adecúe a las necesidades de la empresa, es necesario realizar un estudio sobre las dimensiones del local, las características de los artículos que se pretenden almacenar, etc.

### TAREA 9

Mariano acaba de entrar a trabajar en un gran centro logístico que se dedica al almacenaje de distintos tipos de productos, además cuenta con diferentes sistemas de almacenamiento. Es su primer día de trabajo y no comprende el funcionamiento de los diferentes almacenes.

Explica a Mariano cuáles son las técnicas de clasificación y ubicación de las existencias más utilizadas.

## 4. Criterios de almacenaje

### HILO CONDUCTOR

El comercio detallista de Segovia ha experimentado en los últimos dos años un aumento considerable de su cifra de negocios. Para adaptar el comercio a la demanda de la zona, el gerente ha decidido ampliar la sala de exposición de productos.

Para llevar a cabo esta ampliación ha reducido drásticamente el área de almacenaje, por lo que necesita buscar otras zonas para almacenar sus productos. ¿Cuáles serán sus opciones?

La existencia de los almacenes está justificada porque las empresas necesitan acumular mercancías durante un determinado periodo de tiempo.

A continuación, se verán los distintos tipos de almacenes atendiendo a los diferentes criterios de almacenaje, así como los factores que intervienen a la hora de elegir un emplazamiento adecuado para ubicar el almacén.

**IMPORTANTE**

Uno de los factores que se deberán analizar detalladamente a la hora de construir un nuevo almacén es su emplazamiento, ya que en la mayoría de las ocasiones se requiere que estos estén bien comunicados por una red de carreteras, ferrocarril, etc. Además, deberán adaptarse a la legislación urbanística de la zona.

## 4.1. Tipos de almacén

En el siguiente esquema se presentan diferentes tipos de almacén según los criterios de clasificación del almacenaje más importantes:

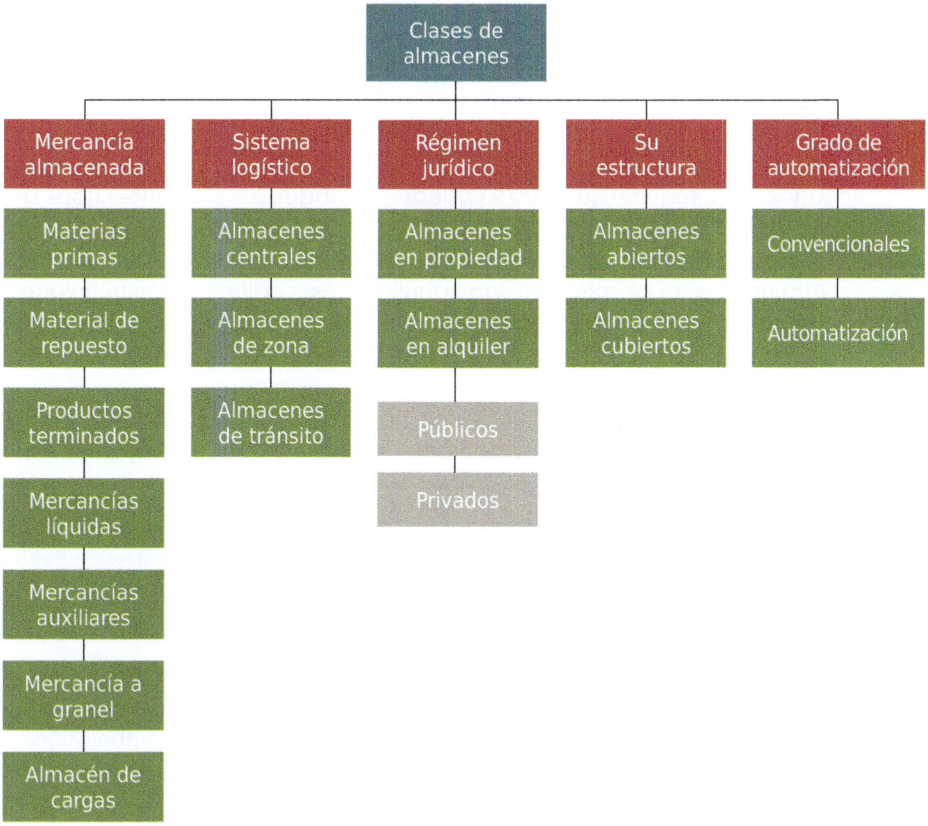

Clases de almacenes

| Mercancía almacenada | Sistema logístico | Régimen jurídico | Su estructura | Grado de automatización |
|---|---|---|---|---|
| Materias primas | Almacenes centrales | Almacenes en propiedad | Almacenes abiertos | Convencionales |
| Material de repuesto | Almacenes de zona | Almacenes en alquiler | Almacenes cubiertos | Automatización |
| Productos terminados | Almacenes de tránsito | Públicos | | |
| Mercancías líquidas | | Privados | | |
| Mercancías auxiliares | | | | |
| Mercancía a granel | | | | |
| Almacén de cargas | | | | |

Según la mercancía almacenada cabe destacar:

- **Almacenes de mercancías auxiliares:** pueden contener mercancías auxiliares a la producción, como combustible o aceite para ciertas máquinas o herramientas, o bien, pueden contener mercancías auxiliares genéricas como material de limpieza y productos higiénicos.
- **Almacén de mercancía a granel:** almacenarán artículos que se presentan sin envases, depositándose en montones de mercancía que se delimitarán mediante tabiques fijos o móviles.
- **Almacén de cargas:** consisten en el agrupamiento de un mismo artículo o artículos diferentes en un soporte como el palé, con el fin de ser expedidos. Es el almacén más común que existe.

Los tipos de almacenes según su sistema logístico son:

- **Almacenes centrales:** son los que se encuentran en el primer escalón del sistema logístico: suelen almacenar productos acabados que suministran a otros almacenes pertenecientes a distintas zonas.
- **Almacenes de zona:** pueden ser regionales o locales, se suministran del almacén central y desde ellos se sirven las mercancías a los detallistas (puntos de venta).
- **Almacenes de tránsito:** se utilizan cuando el trayecto es largo y hay que transportar grandes cantidades de mercancía. De esta forma se evita que los costes del transporte sean muy elevados.

En función del régimen jurídico se pueden distinguir los siguientes tipos de almacenes:

- **Almacenes en propiedad:** son aquellos cuyos edificios e instalaciones pertenecen a la empresa titular. La inversión en el local y gastos que se originan corren a cargo de dicha organización. Este tipo de almacenes resultan rentables para empresas que los utilizan continuamente.
- **Almacenes en alquiler:** los hay de titularidad pública y de propiedad privada. Los públicos son propiedad de la Administración, ayuntamientos, etc.; los privados, de empresas o particulares. En ambos casos, el dueño o propietario los alquila a las empresas que los necesitan por temporadas.

En función de su estructura se distinguen:

- **Almacenes abiertos:** son aquellos que contienen mercancías que no precisan de protección frente a las inclemencias meteorológicas. Suele realizarse una pequeña construcción para las oficinas de los trabajadores.

- **Almacenes cubiertos:** son aquellos que requieren de un edificio para almacenar la mercancía, en él se almacenarán artículos que no deben estar expuestos al aire libre.

*Ejemplo de almacén abierto*

Por último, según el grado de automatización que presenten los almacenes, se pueden destacar:

- **Almacenes convencionales:** son aquellos cuya mecanización se reduce a los medios de transporte interno, por lo que la intervención del personal en el almacén es importante.
- **Almacenes automatizados:** la mayoría de las actividades que se realizan en el almacén no requieren de la presencia de personas, debido a que todas las órdenes emanan de un ordenador central.

## 4.2. Ubicación

Para construir un almacén, la empresa tiene que hacer una **gran inversión:** la compra del terreno, las correspondientes autorizaciones, el proyecto del arquitecto y profesionales, etc. Por esa razón, hay que realizar una serie de estudios previos y analizar la zona donde se ubicará.

## Factores de ubicación

Para elegir la ubicación idónea de un negocio se deben tener en cuenta una serie de factores:

| Elección del emplazamiento | Dimensión del local |
|---|---|
| - Para elegir el emplazamiento adecuado del negocio, habrá que tener en cuenta:<br>- Facilidad de acceso<br>- Costes del terreno<br>- Normas de construcción<br>- Etc. | - Se tendrán en cuenta todos los elementos que formen parte del importe de la construcción y la forma del local. |

### *Elección del emplazamiento*

Una vez conocida la situación geográfica, es necesario proceder a la elección del emplazamiento. Para ello, hay que tener en cuenta una serie de **factores:**

- Facilidad de acceso a vías de comunicación.
- Costes del terreno.
- Normas de construcción.
- Publicidad.
- Compatibilidad de la zona con el *stock.*

### *Elementos del importe de la construcción*

Engloba todos los factores que se deben tener en cuenta a la hora de realizar la construcción, entre ellos, cabe destacar:

### *Locales funcionales*

El periodo medio de existencia para el cual un edificio es proyectado es de 50 años, incluyendo el pronóstico sobre futuras ampliaciones o modificaciones.

### *Dimensiones de los locales*

El depósito deberá ser interpretado para alcanzar a la vez el máximo espacio en el suelo y alturas de techado adecuadas. Las dimensiones estarán limitadas por los reglamentos de urbanismo.

### *Disposición*

El diseño del almacén influirá de manera concluyente en su efectividad corporativa.

### *Distribución*

Como regla general, consideraremos que la planta del almacén está dividida principalmente en tres sectores:

**Zona de recepción**
- En ella se efectúa el registro de los productos entrantes, procediéndose a su disposición de la forma más útil.

**Zona de almacenamiento**
- Designada para mantener las mercancías durante su permanencia en el local.

**Zona de expedición y de disposición de pedidos**
- Donde se efectúa el registro de las salidas y se disponen los pedidos de los clientes.

### Aspectos a tener en cuenta en la ubicación

La localización de los almacenes debe estar enfocada desde dos puntos de vista:

- **Visión general del mercado:** se debe acotar geográficamente a un área amplia, y responder a criterios de optimización del aprovisionamiento de materiales y de la oferta de productos y servicios de la compañía.
- **Visión local del mercado:** debe segmentar la visión general e informar de las particularidades de cada subzona.

A lo largo de la historia se han desarrollado una serie de **modelos matemáticos** que permiten **identificar la mejor ubicación del almacén** desde un punto de vista general. Los costes de transporte se erigen como el factor de mayor consideración y base de la mayoría de los modelos. Entre los más utilizados se encuentran los métodos de: Von Thünen, Hoover, Greenhut y el método del Centro de Gravedad.

*Los almacenes normalmente suelen ubicarse en los polígonos industriales.*
*(© Fotografía: Crédito editorial riekephotos / Shutterstock.com)*

## 4.3. Apilamiento

En el almacenaje en bloque, las cargas se disponen directamente en el suelo, apiladas, si es posible, en filas y con pasillos para el acceso independiente, es el **método más barato y flexible** de almacenamiento.

El flujo FIFO de estos productos no es posible y hay que ser cuidadoso en la gestión de ubicaciones.

Se puede apilar siempre que la **unidad de carga** lo permita. Para ello, es esencial su adecuado diseño.

*El apilamiento es uno de los sistemas más utilizados por su flexibilidad.*

**NOTA**

En la medida de lo posible los productos del mismo tipo se situarán juntos; de esta forma se facilitará el control de los *stocks.*

## Recomendaciones y condiciones de uso

El sistema de bloques apilados está especialmente indicado para almacenar:

- Cargas preparadas para el apilamiento, sin exigencia de rotación, cuando la altura del edificio está limitada, la rotación es rápida y el número de referencias no muy elevado, aunque con un relativamente alto nivel de *stock*.
- Mercancías almacenadas en cargas completas.

Las indicaciones de utilización del sistema de bloques apilados son las siguientes:

- Se debe considerar alrededor de un 10 % de margen entre cargas; además es conveniente pintar líneas en el suelo que ayuden a mantener el orden.
- La ubicación de los productos puede ser aleatoria, pero siempre por filas.
- Cada fila debe contener un tipo de producto.
- El número de paletas en profundidad no debe superar las 6 por fila, por motivos de seguridad en el uso de los elementos de manutención. Además un número de filas elevado reduce la utilización del espacio, por término medio.

## 4.4. Ventajas e inconvenientes

A continuación, se muestran las **ventajas e inconvenientes** que presenta el **apilamiento** como criterio de almacenaje:

| Ventajas | Inconvenientes |
|---|---|
| - Nula inversión en equipamiento de almacén.<br>- Buen uso de la superficie disponible.<br>- Control visual del *stock* disponible. | - Uso inadecuado del volumen debido a la limitación en el apilado.<br>- Dificultad en el acceso directo, excepto a la carga más cercana y alta.<br>- Dificultad relativa en el despacho de carga paletizada.<br>- La necesaria estabilidad y la prevención del aplastamiento de la carga limitan el apilado en altura. |

# 5. Distribución interna y plano de almacén

## HILO CONDUCTOR

Para solucionar el problema de la falta de espacio, el gerente del comercio de Segovia ha decidido construir otro almacén en una zona cercana a la empresa.

Para diseñar el nuevo almacén, este ha pedido ayuda a Juana, directiva de Limpisa y experta en gestión de almacenes. ¿Qué aspectos deberá tener en cuenta en el diseño del almacén?

En un almacén se realizan operaciones de almacenaje, operaciones de preparación o acondicionamiento y operaciones auxiliares de las anteriores.

Dependiendo de la función u operación que se quiera llevar a cabo en el interior de un almacén, existirán diferentes áreas o zonas específicas para el desempeño de cada una de estas. Estas áreas o zonas se agruparán de la siguiente forma:

Áreas no esenciales o de apoyo a la actividad

## 5.1. Áreas esenciales para la actividad

Comprenden todas aquellas que son imprescindibles para el desarrollo de la actividad del almacén:

- **Zonas de carga o descarga:** normalmente estas zonas cuentan con muelles.
- **Zona de recepción y control:** está destinada a depositar la mercancía descargada. Esta mercancía permanece allí hasta que, una vez que ha sido controlada y se le ha dado ubicación, pasa a otra zona del almacén. Normalmente, se trata de zonas diáfanas y amplias, llamadas playas.
- **Zona de reserva o almacenaje:** es la destinada a contener el *stock* sobre el que se realiza la actividad.

- **Zona de preparación:** en ella se realizan las operaciones que añaden más valor al producto, además de la preparación de envíos.
- **Zona de expediciones:** en ella se verifican los envíos preparados, se pesan, etiquetan y consolidan para su salida del almacén. Debe estar próxima a los muelles de carga.
- **Zona de devoluciones:** la mercancía devuelta, una vez descargada, sufre un proceso de recepción y control especial, y debe depositarse en un área físicamente separada de la de almacenaje (hasta que se le asigne destino definitivo).

## 5.2. Áreas no esenciales o de apoyo a la actividad

Estas áreas existen siempre o muy frecuentemente, pero pueden ser consideradas auxiliares de las anteriores.

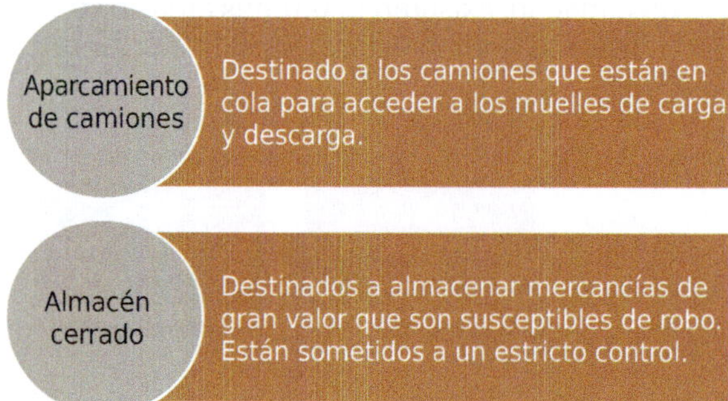


Asimismo, también se hace preciso señalar otras áreas pertenecientes al almacén, como son:

- Oficinas: gestión administrativa del almacén.
- Aseos y vestuarios: necesarios para el personal.
- Cámaras frigoríficas: almacenan artículos con características determinadas.
- Zona de envases vacíos: depósito de materiales que dejan de tener utilidad por el momento.
- Zona de carga de baterías: hay herramientas en el almacén que funcionan con energía eléctrica.

- Zona de material a destruir: se almacenan productos que no son aptos para la venta y se tienen que destruir.
- Zona de mantenimiento: zona para guardar el material de mantenimiento.

## 5.3. Diseño y plano de almacén

En cuanto al diseño del plano del almacén, hay que tener en cuenta una serie de aspectos importantes, ya que de este diseño inicial dependerá en gran parte la eficiencia del centro de almacenamiento.

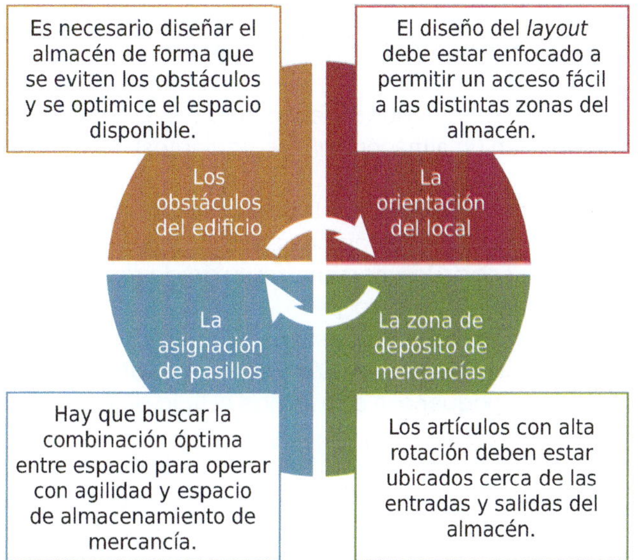


Los aspectos a considerar a la hora de realizar el diseño del almacén son:

El ***layout*** es la **distribución en planta del almacén.** Su diseño debe estar enfocado a permitir un acceso fácil a las distintas zonas del almacén.

Este diseño del plano del almacén es imprescindible para una buena optimización del espacio y la organización del *stock.* Observa el siguiente ejemplo:

**Ejemplo de diseño del plano de un almacén**

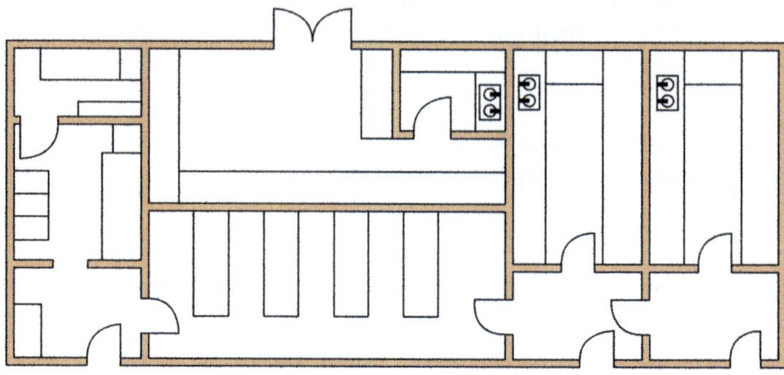

## Consideraciones para asignar zonas en el almacén

Los aspectos que se deben tener en cuenta a la hora de establecer y distribuir las zonas en un almacén son las siguientes:

- Características del almacén: la capacidad de carga, la superficie disponible, pasillos entre las estanterías, etc.
- Características de las mercancías: su grado de peligrosidad y fragilidad, dimensiones, la forma y el peso.
- Volumen de las operaciones: no es lo mismo escoger un medio de manutención en aquellos locales donde el volumen de operaciones es relativamente pequeño, a otro donde el flujo de mercancías es continuo y en gran cantidad.
- Distancia a recorrer: dependiendo de la distancia que se debe recorrer, se procede a la elección del medio de manutención más adecuado. Las distintas operaciones que se ejecuten se planificarán de forma que reduzca el desgaste de los medios de transporte, el daño de los materiales transportados, así como la fatiga y los riesgos para el personal encargado de manejar los vehículos y utillaje propios del almacén.
- Movimiento físico de las mercancías: esto supone el traslado de las mercancías de un lado a otro del almacén. Esta actividad se puede lograr por diferentes medios, utilizando una gran variedad de equipos de manipulación de materiales, que dependerán de:
  - El volumen del almacén de transportes.
  - El volumen de las mercancías.
  - La cantidad de manipulaciones especiales y expediciones requeridas.

### Modelos de asignación de zonas de almacenaje

Se pueden diferenciar fundamentalmente dos modelos de asignación de zonas de almacenaje:

- **Gestión del hueco fijo:** asigna a cada referencia una ubicación específica en el almacén.
- **Gestión del hueco libre:** no existen ubicaciones preasignadas y la mercancía se almacena según la disponibilidad de espacio. Este método trae consigo dificultad en el control manual de la mercancía, pero permite la optimización del espacio disponible en el almacén, así como acelerar el almacenamiento, aunque requiere sistemas de información electrónicos.

**NOTA**

En los almacenes convencionales que contienen un gran número de referencias es recomendable utilizar el modelo de gestión del hueco fijo, esto facilitará el control de la mercancía.

Una vez asignadas las zonas en el almacén, es conveniente tener en cuenta los siguientes criterios de almacenamiento:

**Productos con alta rotación**

Lugares fácilmente accesibles.

**Productos con baja rotación**

Áreas menos cómodas.

**Paquetes pesados o voluminosos**

Donde causen menos molestia y estén próximos a los sistemas de elevación.

## 5.4. Tipos de almacenes

Dependiendo de los criterios de almacenamiento que se utilicen, los almacenes podrán clasificarse de la siguiente forma:

- ***Racking:*** permite utilizar de manera eficiente el espacio vertical. La recogida puede requerir mayor trabajo y ser más caro, ya que es necesario utilizar sistemas automáticos de elevación.
- **Por zonas:** agrupa existencias de características comunes en lugares de fácil acceso. La zonificación puede generar ineficiencia.
- **Aleatorio:** se agrupan las mercancías de acuerdo con su tamaño y el espacio disponible, sin relacionar productos por sus características. La utilización del espacio es eficiente, pero no se recogen los artículos con rapidez.

# 6. Seguridad y prevención de riesgos laborales

### HILO CONDUCTOR

El grupo empresarial Limpisa cuenta con un técnico de prevención de riesgos laborales que realiza cursos de reciclaje a los trabajadores y se encarga de velar por la seguridad de los mismos, adoptando las medidas de protección necesarias y proporcionando a los empleados equipos que les permiten realizar su trabajo de una forma segura.

Es necesario que en todo momento los operarios conozcan los riesgos a los que están expuestos en su puesto de trabajo, de este modo, sabrán cómo prevenirlos y se reducirá la probabilidad de que ocurran accidentes laborales.

A continuación, se describen las condiciones generales de seguridad y salud necesarias y comunes a la mayoría de depósitos de mercancías.

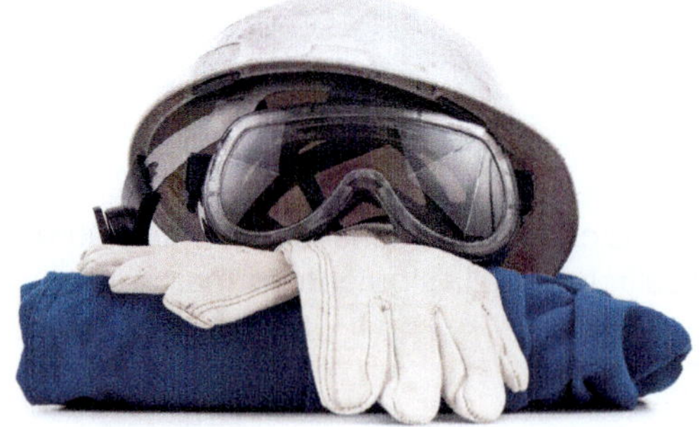

*Para realizar cualquier actividad que implique un riesgo es imprescindible el uso de equipos de protección individual.*

## 6.1. Actuación en caso de accidentes

Se entiende por **primeros auxilios** el conjunto de actuaciones y técnicas que permiten la atención inmediata de un accidentado hasta que llega la asistencia profesional.

### Principios y procedimientos generales

Existen **diez** consideraciones a tener en cuenta, siempre, como actitud a mantener **frente a los accidentes:**

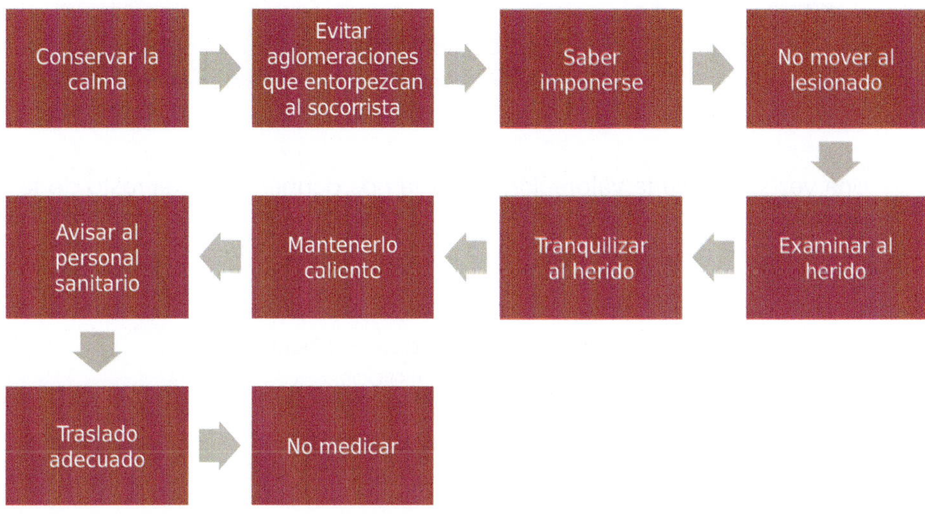


### Activación del Sistema de Emergencia PAS

En cualquier accidente se debe **activar el sistema de emergencia;** para ello recordaremos el acrónimo **PAS:**

- Proteger: al accidentado y a nosotros mismos.
- Avisar: a los servicios sanitarios.
- Socorrer: evaluación del estado del herido.

## Evaluación y actuación

La evaluación se realiza en el lugar de los hechos con el fin de establecer prioridades y adoptar las medidas necesarias en cada caso. Consta de dos pasos:

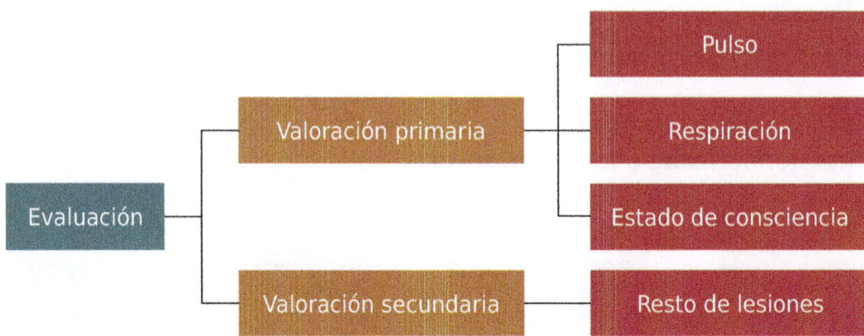


Una vez superada la valoración primaria nos ocuparemos del resto de lesiones:

- Cabeza:
    - Buscar heridas y contusiones en cuero cabelludo y cara.
    - Salida de sangre por nariz, boca y oídos.
    - Lesiones en los ojos.
    - Aspecto de la cara (piel fría, pálida, sudorosa).
- Cuello:
    - Tomar el pulso carotídeo durante un minuto.
    - Aflojar las prendas ajustadas.
- Tórax:
    - Buscar heridas.
    - Dolor y dificultad al respirar.
- Abdomen:
    - Buscar heridas.
    - Valorar si está muy duro o muy depresible al tacto.
    - Valorar el dolor.

- Extremidades:
  - Examinar brazos y piernas en busca de heridas y deformidades.
  - Valorar la sensibilidad para descartar lesiones en la médula.

## 6.2. Medidas de autoprotección

El Real Decreto 393/2007, de 23 de marzo, por el que se aprueba la **Norma Básica de Autoprotección de los centros** dedicados a actividades que puedan dar origen a situaciones de emergencia, obliga a determinadas empresas a presentar frente a la autoridad competente las medidas de autoprotección consistentes en:

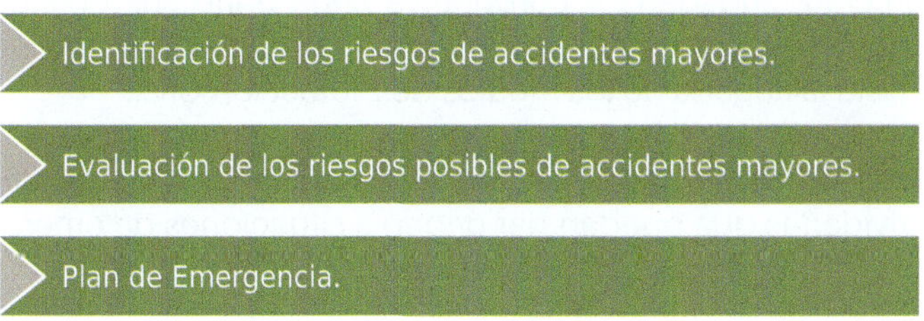


Un Plan de Emergencia debe comprender los siguientes aspectos básicos:

1. La **evaluación** de los sucesos previstos.
2. La **redacción del Plan de Autoprotección** y relación con las autoridades.
3. **Procedimientos** (sistema de alarma interior y exterior, y comunicación interior y exterior).
4. **Obligaciones y responsabilidades** del personal.
5. **Centro de Control de Emergencia y acciones** a realizar en el interior y exterior de la empresa.
6. En previsión de emergencias en cualquier tipo de empresas, se deben incluir los **medios humanos** disponibles para participar en las acciones de autoprotección. También se incluirán **planos del edificio por plantas,** con las siguientes indicaciones:

   a. Compartimentación y resistencia al fuego.
   b. Vías de evacuación.
   c. Medios de extinción de incendios.
   d. Sistema de alerta, alarma y detección.

e. Almacén de materiales inflamables y otros locales de especial peligrosidad.
f. Número de ocupantes.
g. Interruptores generales de electricidad.

## Norma básica de autoprotección

Para hablar de autoprotección se deben considerar una serie de aspectos:

- **La prevención:** implica el adecuado diseño de las edificaciones e instalaciones, y su mantenimiento, además del conocimiento de los riesgos debidos al entorno natural y tecnológico.
- **La respuesta adecuada:** para mitigar y atajar con los medios y recursos propios la actualización de riesgos.
- **La integración en el sistema público de Protección Civil:** la autoprotección ciudadana y corporativa tiene entre sus objetos la respuesta próxima y organizada en los momentos iniciales de una emergencia, hasta la llegada de los medios de Protección Civil.

El **objetivo** de la Norma Básica de Autoprotección de los centros dedicados a actividades que puedan dar origen a situaciones de emergencia es el establecimiento de los criterios esenciales mínimos para:

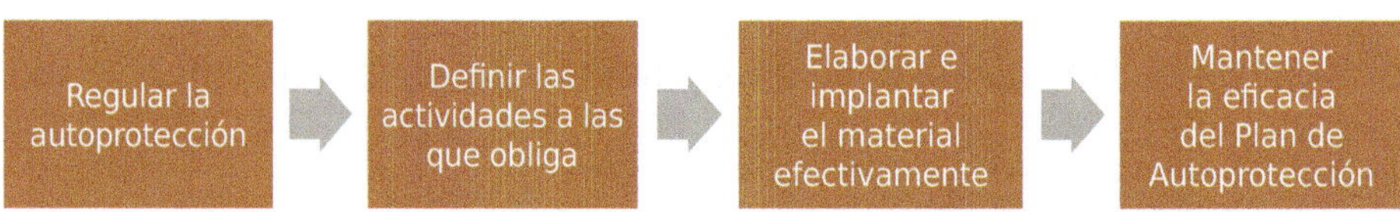


La **Norma Básica de Autoprotección** viene regulada por el Real Decreto 393/2007 de 23 de marzo.

### PARA SABER MÁS

Puedes consultar la Norma Básica de Autoprotección accediendo al siguiente enlace:

*Continúa en página siguiente >>*

*<< Viene de página anterior*

https://redirectoronline.com/uf00330203

## El Plan de autoprotección

Es el documento que establece el **marco orgánico y funcional** previsto para un establecimiento, con el **objeto de prevenir y controlar riesgos** sobre las personas y los bienes, y dar respuesta adecuada a las posibles situaciones de emergencia.

Se debe presentar como un **documento único** cuya estructura y contenido mínimo incluirá todos los **procedimientos y protocolos** necesarios para reflejar las actuaciones preventivas y de respuesta a la emergencia. Está integrado por cuatro documentos:

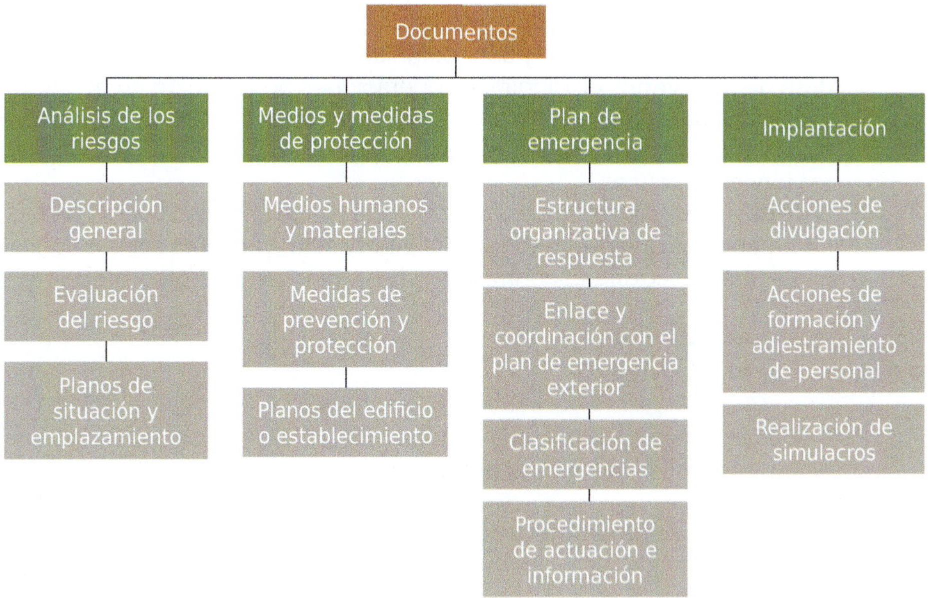

## El Plan de emergencia

Es la parte del Plan de Autoprotección relacionada con la **organización de los medios disponibles** (equipos de emergencia) y con la **actuación de los mismos** (Plan secuencial). Define la secuencia de acciones a realizar ante una emergencia, que serán:

Los **equipos de emergencia** que se utilizarán frecuentemente ante una situación de emergencia serán los siguientes:

- **Equipos de alarma y evacuación:** deberán preparar la evacuación, comprobando que las vías de entrada están libres, dirigiendo el flujo de personas, controlando aglomeraciones en puertas y escaleras, etc.
- **Equipos de primera intervención:** deberán conocer las normas de prevención de incendios, combatirán los conatos en su zona de actuación, apoyarán a los componentes del Equipo de Segunda Intervención, etc. Actuarán siempre por parejas.
- **Equipos de segunda intervención:** representan la máxima capacidad extintora del establecimiento y su actuación se producirá en cualquier lugar donde se produzca la emergencia. Deberán estar permanentemente localizables durante la jornada laboral. Tendrán la formación y el adiestramiento adecuado y conocerán el Plan de emergencia.
- **Jefe de intervención:** dirigirá las operaciones de extinción en el punto de emergencia, informará y ejecutará las órdenes del jefe de emergencia, estará siempre localizable y deberá tener los suficientes conocimientos teórico-prácticos.
- **Jefe de emergencia:** actuará desde el centro de control a la vista de las informaciones que reciba del jefe de intervención. Poseerá sólidos conocimientos de seguridad contra incendios y del Plan de Autoprotección.

## Simulacros de emergencia

Para que las actuaciones en una situación de emergencia puedan ser las correctas, hay que ensayarlas **al menos dos veces al año.**

A través de ellos se pretende conseguir los siguientes **objetivos:**

| Conseguir el hábito de las actuaciones de emergencia | Mejorar las situaciones analizando los fallos |
|---|---|

En el plan de emergencias se contempla, entre las actuaciones a llevar a cabo, la realización de simulacros de emergencia.

## Plan de actuación y protección contraincendios

Una situación de emergencia puede generar daños a las personas, instalaciones y medioambiente.

### *Emergencias de fuego*

Para que se inicie un fuego deben coincidir en espacio y tiempo una serie de elementos:

- **Combustible:** sustancia capaz de arder.
- **Calor:** los focos más comunes son cigarrillos, fallos eléctricos, restos de soldadura, etc. No siendo necesaria, en determinadas ocasiones, la presencia de una llama.
- **Comburente:** oxígeno en una proporción del 21 %.

**Esto es lo que se denomina triángulo del fuego**

### *Extintores: funcionamiento*

Para actuar adecuadamente debemos tomar **medidas de contención** con la finalidad de reducir los posibles daños generados por el incendio. Las situaciones de riesgo vienen generadas por la aparición de un foco de ignición suficiente para que este se propague y alcance mayores proporciones. Una de las herramientas que se deben tener a mano para tratar de sofocar los incendios en un primer momento es el extintor. Para su utilización se seguirá el siguiente orden:

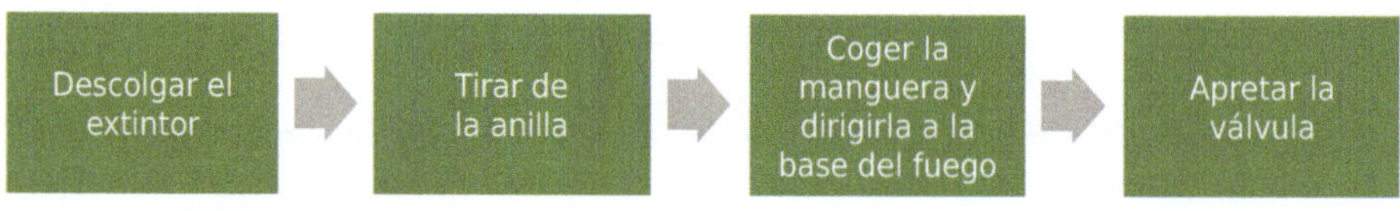


### *Organización ante emergencias*

Los trabajadores deben **saber qué hacer y cómo actuar** ante las diversas situaciones de emergencia que se pueden producir en el centro de trabajo. Para ello, se organizarán en grupos de ayuda, intervención en cada caso y se definirá la actuación de cada componente del grupo. El trabajador deberá conocer las consignas y cómo debe actuar ante ellas.

### *Centro de control*

Consiste en una ubicación que se encontrará en un lugar seguro; su finalidad será albergar a las personas que se encargarán de organizar y gestionar el desarrollo de una emergencia.

### *Emergencias: punto de reunión y recuento*

Cuando nos enfrentemos a una situación de emergencia y convenga evaluar las instalaciones, debemos conocer que el punto de reunión puede ser interno o externo.

El **recuento** sirve para saber cuánta gente consigue salir y cuántos quedan en el interior; nunca se debe volver a entrar para intentar sacar a más gente, es necesario esperar a los bomberos.

*Ante una emergencia que requiera la evacuación del personal, este deberá dirigirse al punto de reunión.*

## ACTIVIDAD COMPLEMENTARIA

4. Determina cuáles son las características y requisitos que deben cumplir las salidas de emergencia.

## 6.3. Medidas de seguridad e higiene

### HILO CONDUCTOR

La mayor parte del trabajo que se realiza en los almacenes y en el centro de producción de Limpisa requiere manipular cargas tanto con medios de manutención como de forma manual.

Muchos de estos trabajadores presentan lesiones relacionadas con la manipulación incorrecta de las cargas, por tanto, el responsable de prevención va a organizar una serie de conferencias en las que se darán las pautas necesarias para manipular correctamente la mercancía.

Aunque los empleados del almacén trabajen en un ambiente controlado, están sujetos a una gran cantidad de riesgos que pueden ser causa de múltiples accidentes.

## Riesgos y medidas preventivas en el almacén

Los **riesgos más comunes** a los que se enfrentan los trabajadores en los almacenes están relacionados con:

- Caídas.
- Contacto químico.
- Manipulación manual de cargas.
- Equipos para mover materiales.

**NOTA**

Hay que prestar especial atención a los riesgos expuestos anteriormente para reducir la siniestralidad laboral.

### *Manipulación de cargas*

Los riesgos laborales se presentan en **todo tipo de actividades.** En el almacén, la actividad que merece más atención es la manipulación de cargas.

#### *Manipulación mecánica de cargas*

Los equipos destinados a cumplir esta función deben estar construidos y diseñados para mantener un buen nivel de seguridad. Además, deben tener un **mantenimiento periódico** para asegurar su correcto funcionamiento y garantizar unas buenas condiciones de seguridad.

## ACTIVIDAD COMPLEMENTARIA

5. Busca información sobre las principales normas de uso de las carretillas elevadoras.

En el siguiente cuadro se van a analizar los riesgos más frecuentes que se dan en el **uso de carretillas elevadoras** y sus medidas preventivas.

| RIESGOS MÁS FRECUENTES | MEDIDAS PREVENTIVAS |
|---|---|
| **Caídas de cargas y objetos** | Que la carga sea estable y esté sujeta correctamente.<br>Utilizar contenedores bien adaptados.<br>Circular lentamente y respetando las normas de circulación.<br>Mover las cargas lentamente, tanto en el transporte como en la carga y descarga. |
| **Caída, basculante o vuelco de carretilla** | Respetar los límites de carga y asegurar su estabilidad.<br>Que las superficies de circulación estén en perfecto estado. |
| **Choques contra elementos diversos** | Que las vías de circulación estén marcadas y tengan la anchura suficiente.<br>Limitación de velocidad.<br>Adiestramiento del conductor. |

### *Manipulación manual de cargas*

Se entiende por manipulación manual de carga el movimiento de toda carga superior a 3 kg que pueda entrañar un riesgo dorsolumbar no tolerable.

Las **lesiones más frecuentes** que se derivan de la manipulación de cargas son las siguientes:

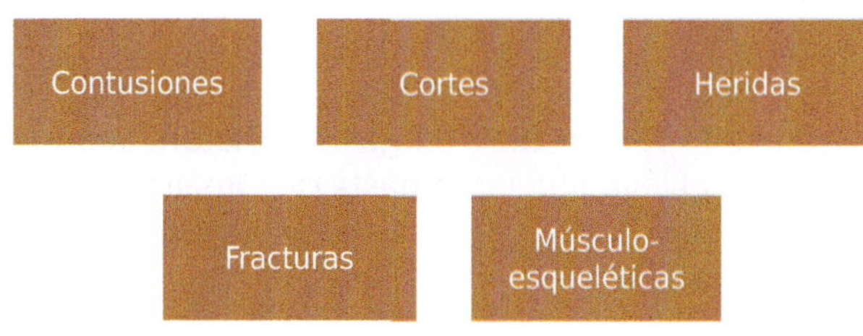

El alcance de las lesiones por levantamiento de cargas no suele ser mortal, aunque dependiendo de la gravedad de las lesiones, se pueden originar elevados costes personales y humanos.

A continuación, se muestran las **pautas** que deben seguirse ante diferentes situaciones de riesgo.

### *El peso de la carga*

No todos los empleados de una organización podrán manipular cargas pesadas; esto dependerá principalmente de su sexo, edad y entrenamiento. En la siguiente tabla se muestra una clasificación de los pesos máximos recomendados para los distintos tipos de trabajadores.

| | PESO MÁXIMO RECOMENDADO |
|---|---|
| **En general** | 25 kg |
| **Mujeres, jóvenes y mayores** | 15 kg |
| **Trabajadores entrenados** | 40 kg |

Además de los aspectos anteriores, existen otra serie de consideraciones que deben tenerse en cuenta en la manipulación manual de cargas:

- El peso máximo recomendado para manipular cargas es de 5 kg siempre que sea una zona próxima al tronco.
- Hay que evitar manipular cargas a nivel del suelo, por encima de los hombros, y evitar giros e inclinaciones del tronco.
- En general, en un equipo de dos personas la capacidad de levantamiento es de 2/3 de la suma de las capacidades individuales; cuando el equipo es de 3 personas la capacidad se reduce a 1/2 de la suma de las capacidades individuales.

### *Desplazamiento vertical*

El desplazamiento vertical de la carga es la **distancia que recorre** esta desde que se inicia el levantamiento hasta que finaliza. Lo ideal es que no supere los 25 cm. Son aceptables los que se producen entre la altura de los hombros y la altura de media pierna. Y se deben evitar los que se hagan fuera de estas alturas o por encima de 175 cm.

En función de la zona de manipulación, en condiciones ideales, se pueden determinar unos **pesos teóricos máximos:**

- Altura de la cabeza (entre 7 y 13 kg).
- Altura del hombro (entre 11 y 19 kg).
- Altura del codo (entre 13 y 25 kg).
- Altura de las rodillas (entre 12 y 20 kg).
- Altura de media pierna (entre 8 y 14 kg).

### *Los giros del tronco*

Siempre que sea posible se deben **evitar los giros** mientras se manipula una carga, ya que estos aumentan las fuerzas compresivas en la zona lumbar.

**Se considera giro de tronco cuando la línea horizontal que une los hombros se desalinea con la línea que une los tobillos**

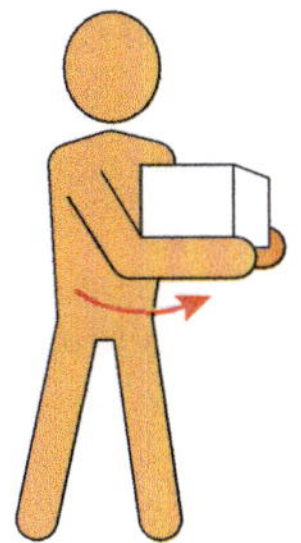

### *Los agarres de la carga*

La dificultad en el manejo de las cargas depende, en buena medida, del tipo de agarre que está presente. Se pueden distinguir los siguientes sistemas de agarre:

| Agarre bueno | Agarre regular | Agarre malo |
|---|---|---|
| | | |
| La carga tiene **asas u otro tipo de agarres** que permiten un agarre confortable con toda la mano, permaneciendo la muñeca en posición neutral, sin desviaciones ni posturas desfavorables. | La carga tiene **asas o hendiduras no tan óptimas,** de forma que no permiten un agarre tan confortable, incluyendo aquellas cargas sin asas que pueden sujetarse flexionando la mano 90° alrededor de la carga. | La carga no cumple ningún requisito de los anteriores. |

*La inclinación del tronco*

Para evitar lesiones dorsolumbares es importante adoptar unos hábitos posturales correctos.

Para proteger la espalda al manipular cargas se deben adquirir unos correctos **hábitos posturales.** La postura correcta al manejar una carga es con la espalda recta.

**Pasos para el correcto levantamiento de cargas**

Para un operario que levanta 25 kg con la espalda recta se ha testado médicamente que sufre una presión interdiscal de 75 kg, mientras que si se hace el puente, es decir, si arquea la espalda, la presión interdiscal aumenta a 375 kg.

### *Las fuerzas de empuje y tracción*

Hay que hacer la fuerza entre la altura de los nudillos y de los hombros y apoyar firmemente los pies. Estos deberán formar un ángulo y no deben estar juntos para mejorar el ángulo, la apertura y la estabilidad en la manipulación de las cargas. A continuación, se reflejan una serie de recomendaciones sobre cómo disminuir los riesgos derivados de la manipulación:

- La superficie de la carga: la carga no debe contener elementos peligrosos que generen riesgos de lesiones.
- Los periodos de recuperación: se deben realizar las pausas adecuadas.
- Suelos resbaladizos o desiguales: habrá que extremar la precaución en este tipo de pavimentos.
- Las condiciones de humedad y temperatura: los trabajos se deben desarrollar con temperaturas entre los 14 °C y 25 °C, y con una humedad relativa entre el 30 % y el 70 %.

A continuación, se enumeran otros de los factores a tener en cuenta en la manipulación de cargas:

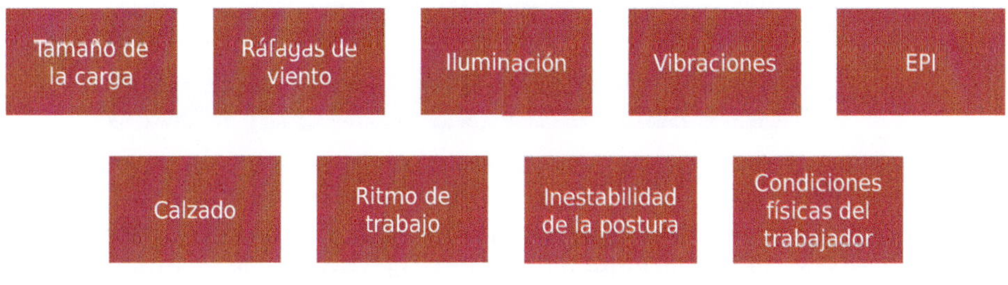


### *Método para levantar una carga*

Si las cargas que se van a manipular se encuentran en el suelo o cerca del mismo, se utilizarán las técnicas de manejo de cargas que permitan utilizar los músculos de las piernas más que los de la espalda. El orden correcto para el levantamiento de la carga es el siguiente:

1. Planificar el levantamiento.
2. Colocar los pies.
3. Adoptar la postura del levantamiento.
4. Agarrar firmemente el bulto.
5. Levantamiento suave.
6. Evitar giros y mantener la carga pegada al cuerpo.
7. Depositar la carga.

Lo correcto ante la elevación de cargas será **exhalar el aire** con el objeto de reducir las posibilidades de sufrir lesiones internas.

*Movimientos repetitivos y posturas forzadas*

En ocasiones, el desempeño de tareas en las que intervienen principalmente grupos de músculos de las extremidades superiores puede originar lesiones musculares. **Los hábitos de trabajo** que pueden propiciar estas lesiones son los siguientes:

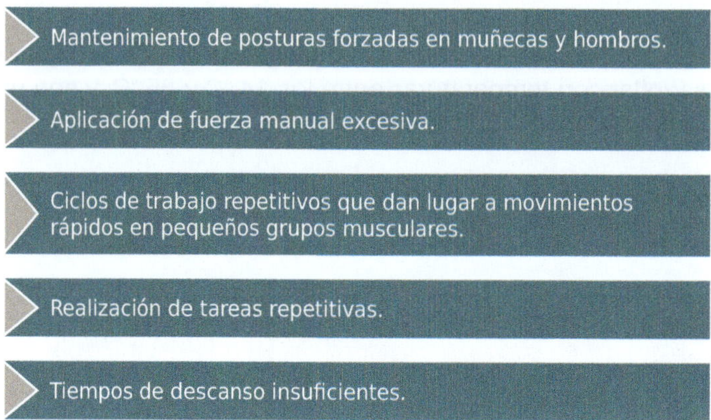


A continuación, se describen los movimientos y actividades desencadenantes de tres típicas lesiones musculares y las tareas u oficios que estadísticamente presentan un mayor número de diagnósticos de dichas lesiones.

| LESIÓN | ACTIVIDAD | TAREAS | OFICIOS |
|---|---|---|---|
| **SÍNDROME DEL TÚNEL CARPIANO** | Flexión o extensión repetida de la muñeca.<br>Tensión repetida de la muñeca.<br>Desviación radial o cubital.<br>Esfuerzos repetidos de la muñeca en postura forzada.<br>Maniobras de presión con la palma de los dedos. | Pulir, afilar, abrillantar, lijar, teclear, remachar, empaquetar, lavar a mano, martillear, enladrillar, fregar, etc. | Cajeros, carpinteros, cocineros, matarifes, etc. |

Continúa en página siguiente >>

*<< Viene de página anterior*

| LESIÓN | ACTIVIDAD | TAREAS | OFICIOS |
|---|---|---|---|
| **TENDINITIS** | Esfuerzos repetidos con la muñeca en extensión, flexión o en desviación cubital. | Uso de alicates, tendido de cables y empaquetar. | Electricistas, empleados en áreas de montaje o prensas, almaceneros, fontaneros, etc. |
| **TENSINOVITIS** | Empujar con la muñeca en extensión y desviación radial. Maniobras de presión con la palma de la mano, estando la muñeca en flexión o extensión. | Pulir, afilar, abrillantar, etc. | Cocineros, trabajos de costura, mecánicos, matarifes, etc. |

A continuación, se citan una serie de medidas que ayudarán a prevenir las lesiones musculares:

- **Uso de la fuerza:** reducir la fuerza que se debe emplear, manteniendo afilados los útiles cortantes, sosteniendo los objetos con ganchos, abrazaderas, etc.; distribución de la fuerza, favoreciendo el uso alternativo de ambas manos.
- **Uso de herramientas:** usar herramientas adaptadas al relieve de la mano y con mangos largos; colocación de herramientas de forma que se asegure una postura cómoda de muñeca y antebrazo, evitando movimientos forzados que se pueden producir cuando se debe alcanzar una herramienta demasiado alejada del lugar de trabajo, o que esté situada en un lugar de incómodo acceso.
- **Automatización del trabajo:** mecanización o automatización del trabajo, a fin de disminuir el tiempo empleado en tareas manuales.
- **Alternancia del trabajo repetitivo:** alternancia del trabajo repetitivo con otra actividad que requiera un esfuerzo muscular distinto al de la tarea habitual.
- **Formación de trabajadores:** formación de los trabajadores con el fin de corregir movimientos incorrectos, así como posturas y maniobras forzadas.
- **Diseño de puesto de trabajo:** diseño del puesto de trabajo, teniendo en cuenta las dimensiones corporales del individuo (antropometría), así como los movimientos imprescindibles que debe realizar el trabajador para ejecutar su tarea (biomecánica).

- **Uso de técnicas de levantamiento:** utilizar las técnicas de levantamiento:
  - Apoyar los pies firmemente.
  - Separar los pies a una distancia aproximada de 50 cm uno de otro.
  - Doblar la cadera y las rodillas para coger la carga.
  - Mantener la espalda recta.

A continuación, se presentan algunos **consejos útiles** a tener en cuenta a la hora de manipular una carga.

Aprovecha el peso del cuerpo de manera efectiva para empujar los objetos y tirar de ellos

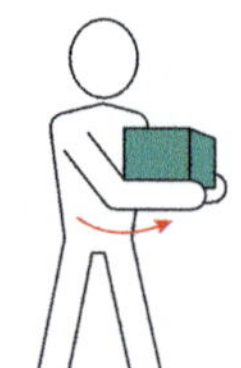
Nunca gires el cuerpo mientras sostienes una carga

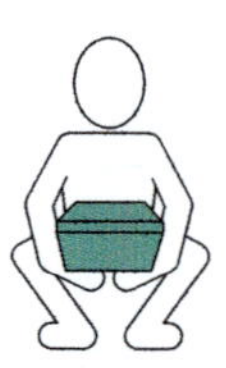
Técnicas de levantamiento

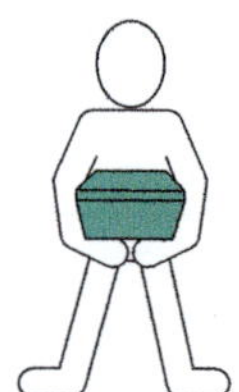
No hay cosa que lesione más rápidamente la espalda que una carga excesiva

No levantes una carga pesada por encima de la cintura en un solo movimiento

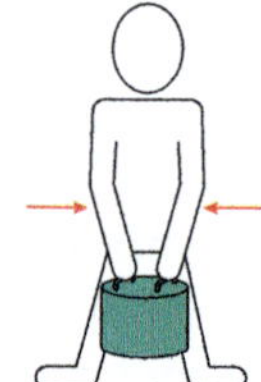
Mantén la carga tan cerca del cuerpo como sea posible, pues aumenta mucho la capacidad de levantamiento

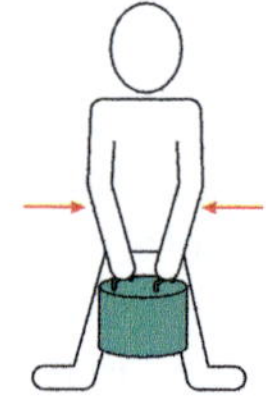
Mantén los brazos pegados al cuerpo y lo más tensos posibles

---

### *Riesgos químicos y riesgos de caídas*

El uso y depósito incorrecto de productos químicos almacenados pueden causar lesiones personales serias o accidentes de fuego.

Otro de los riesgos que causan multitud de lesiones en los almacenes son las caídas de objetos al mismo o distinto nivel.

### *Riesgos químicos*

Entre las consideraciones que hay que tener en cuenta con este tipo de productos, destacan:

- Deben tenerse documentos a la mano con la información de la seguridad de materiales de todos los químicos usados y depositados.
- Se deben conocer todos los químicos depositados, incluyendo las características físicas y químicas, requisitos de depósito, el uso y procedimientos de primeros auxilios.
- Usar el equipo adecuado de protección personal cuando se trabaje con químicos.
- Asegúrate de que todos los químicos se depositen de acuerdo con las recomendaciones del fabricante y los códigos locales o nacionales de fuego.

### *Riesgos de caídas*

Entre los aspectos a considerar para reducir este tipo de riesgos se encuentran los siguientes:

- Se debe tener acceso a los estantes y cajas que se encuentran encima del nivel del suelo con escaleras portátiles, escalones o con levantadores adecuadamente equipados.
- Usa cadenas o cuerdas para bloquear áreas y puertas donde los trabajadores pudieran caerse.
- Los suelos y los pasillos deben estar limpios y libres de basura, cuerdas eléctricas y otros elementos sobre los que los empleados podrían resbalarse o caerse.

## Otras recomendaciones de seguridad

Además de las recomendaciones de seguridad que se han visto, es importante hacer referencia a las siguientes:

- Las zonas de almacenaje deberán estar perfectamente delimitadas y señalizadas y no se almacenará nada fuera de ellas.
- La limpieza del almacén se realizará diariamente, con los medios adecuados.
- Es importante mantener el orden y la limpieza dentro de la planta, sin arrojar papeles ni desperdicios al suelo.
- Utilizar el código de colores para separar residuos.

- Las salidas, escaleras y pasillos deben permanecer libres de obstáculos en todo momento.
- Evitar los derrames en el suelo. En caso de ocurrir, el material será recogido a la mayor brevedad con el producto adecuado.
- Mantener el lugar de trabajo limpio y ordenado elevará el nivel de seguridad del área.
- Los residuos peligrosos que sean retirados del área de trabajo deben enviarse al almacén transitorio de residuos; es indispensable que los recipientes estén debidamente envasados e identificados para que puedan ser retirados.
- Tomar medidas previas a la realización de las actividades para evitar derrames de materiales o residuos peligrosos.
- Cuando finalices la jornada de trabajo, hay que ordenar y limpiar el área para entregarla en excelentes condiciones al turno siguiente.

## 6.4. La protección de los trabajadores

La protección de la seguridad y la salud de los trabajadores en el trabajo pasa a ser el objetivo principal, y ello va a exigir ir más allá del cumplimiento de deberes y obligaciones empresariales y, más aún, de la simple corrección de situaciones de riesgo ya manifestadas.

### La protección colectiva

Se entiende por protección colectiva aquella **técnica de seguridad** cuyo objetivo es la protección simultánea de varios trabajadores expuestos a un determinado riesgo. Este tipo de protección no comporta ningún tipo de incomodidad o molestia para el trabajador que desempeña su labor.

La protección colectiva **tiene prioridad sobre la protección individual**, de modo que a la hora de proteger a los trabajadores debemos anteponer siempre las medidas de protección colectiva a las de protección individual.

### La protección individual

Una de las técnicas más utilizadas en seguridad laboral es la **protección individual.** Es importante conocerla para poder aplicarla correctamente.

La protección individual es la técnica que tiene por objeto **proteger al trabajador frente a agresiones externas** que se puedan presentar en el desempeño del trabajo.

Las características de la protección individual son las siguientes:

- Es una técnica que complementa la protección colectiva, los EPI solo deben utilizarse cuando los riesgos no pueden ser eliminados con los medios de protección colectiva.
- Su misión es reducir o eliminar las consecuencias de un accidente. No debe ser nunca la primera ni la última solución para proteger la salud del trabajador.
- Constituye una de las técnicas de seguridad más rentables, si se tiene en cuenta su bajo coste frente al grado de protección que representa su correcto uso.

Al elegir un EPI se debe considerar que este sea eficaz frente a los riesgos que ha de proteger sin introducir otros nuevos. Es importante subrayar que el **trabajador:**

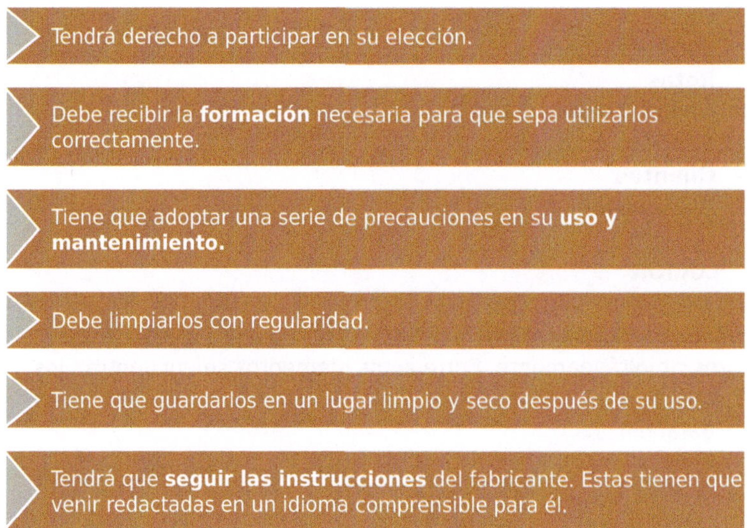


Se pueden diferenciar dos tipos de medios de protección:

- **Medios parciales de protección:** son aquellos que protegen al individuo frente a los riesgos que actúan sobre zonas concretas del cuerpo, como por ejemplo la protección del cráneo, extremidades inferiores, aparato auditivo, visual o respiratorio.
- **Medios integrales de protección:** protegen al individuo frente a riesgos que no actúan sobre zonas determinadas del cuerpo. Los medios inte-

grales de protección son: cinturón de seguridad, ropa de trabajo y de protección, y prendas de señalización.

Es importante buscar el **distintivo CE** en los EPI, ya que indica el cumplimiento de los requisitos mínimos exigidos por la normativa europea. El uso de protecciones caducadas equivale legalmente a no usar ninguna.

## APLICACIÓN PRÁCTICA

**Dados los siguientes elementos relacionados con la protección del trabajador, diferencia si se corresponden con elementos de protección individual o colectiva.**

- **Casco**
- **Gafas**
- **Señalización**
- **Botas**
- **Redes de seguridad**
- **Ventilación general**
- **Guantes**
- **Barandillas**

### SOLUCIÓN

Las medidas de protección colectiva son aquellas que protegen a los trabajadores simultáneamente. Entre estos elementos se encuentran los siguientes:

- Barandillas
- Redes de seguridad
- Ventilación general
- Señalización

Además de estas, cada trabajador debe utilizar elementos de protección individual, entre las que se encuentran, entre otras, las siguientes:

- Botas
- Guantes
- Casco
- Gafas

## 6.5. Recomendaciones en el almacén comercial: manual de seguridad

### HILO CONDUCTOR

Dadas las lesiones que se han producido en los últimos años en los trabajadores del grupo Limpisa, su director general ha encargado a Vicente la realización de un manual de seguridad en el que se recojan las medidas de prevención de riesgos que se deben adoptar en cada una de las actividades que se realizan en Limpisa.

Además de estas medidas, ¿deberá Vicente incluir más información en el manual?

El correcto **almacenamiento de los materiales** evitará en gran medida los riesgos derivados de su desprendimiento, corrimiento, etc. Con las graves consecuencias que se pueden derivar.

### El manual de seguridad

Las actividades en un almacén conllevan el movimiento manual de materiales o mediante el uso de equipos de trabajo, caso de carretillas de mano, transpaletas, carretillas elevadoras, transelevadores, etc. Las principales actividades son carga y descarga, transporte, almacenamiento y apilado.

Por ello, es necesario disponer de **normas e instrucciones para el correcto uso de equipos y maquinaria,** para establecer criterios generales de almacenamiento, apilado, etc. Estas normas e instrucciones orientativas para gestionar en condiciones de seguridad las actividades y tareas asociadas a las instalaciones de almacenamiento serán recogidas en el **manual de seguridad.**

Hay veces en las que la ausencia de criterios normativos específicos dan lugar a que muchas empresas desarrollen criterios propios para ejecutar correctamente las actividades anteriormente mencionadas. Si a ello se le añade que cada empresa tiene sus propias características, el manual de seguridad definirá peculiares normas de gestión.

A continuación, se enumeran las partes que se deben reflejar en el manual de seguridad:

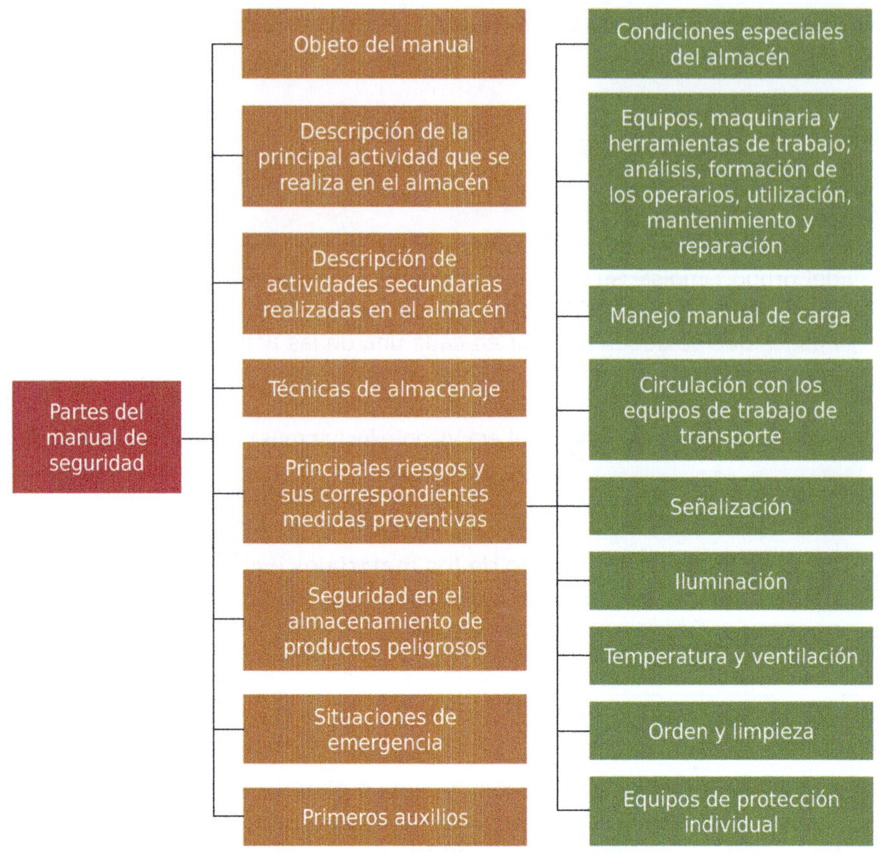


## Disposiciones para un correcto almacenamiento

Para evitar los riesgos derivados de la caída o desplazamiento de los materiales es importante que los objetos sean almacenados con las **adecuadas medidas de seguridad.**

Para realizar el correcto almacenamiento de objetos, se ha de tener en cuenta en primer lugar de qué tipo de materiales se trata.

### *Materiales rígidos lineales*

Estos materiales se deben almacenar debidamente entibados y sujetos con soportes. Para ello, habrá que tener en cuenta las siguientes consideraciones:

- La altura máxima de apilamiento recomendable es de 6 m con acceso mediante elementos mecánicos.
- Hay que evitar, en lo posible, el acceso de personal a las zonas altas de los materiales almacenados.
- Los tubos o materiales de forma redondeada han de apilarse necesariamente en capas separadas mediante soportes intermedios y elementos de sujeción.
- Los perfiles y planchas metálicas de considerable peso deberán almacenarse en estanterías provistas de rodillos, e inclinados hacia adentro, para facilitar su manejo cuando este no se realice con elementos mecánicos.

### *Materiales rígidos no lineales*

Para el almacenamiento de este tipo de materiales se deberán tener en cuenta las siguientes consideraciones:

- Las cajas o recipientes de capacidad igual o inferior a 50 l se pueden almacenar contra la pared o en forma piramidal, no debiendo superarse los niveles de escalonamiento marcados por el proveedor ni una altura de 5 m.
- Se almacenarán preferiblemente en estanterías, colocando los materiales más pesados en la parte inferior.
- Es importante asegurar la estabilidad de la estantería.
- Los bidones y recipientes cilíndricos, si se almacenan a cierta altura, se deben depositar convenientemente asegurados sobre palés.
- Las pequeñas piezas hay que almacenarlas en contenedores o cestones.

*Cestón*

### *Almacenamiento de sacos*

Su almacenamiento se realizará de acuerdo con las siguientes pautas:

- Se han de disponer en capas transversales, con la boca del saco mirando hacia el centro de la pila.
- Hay que asegurar las cargas en bloques, cuando exista riesgo de que estas puedan desprenderse.
- Siempre que sea posible se envolverá el conjunto de sacos y cajas mediante una lámina de plástico retráctil para mejorar su estabilidad.

### *Almacenamiento mediante paletizado*

El almacenamiento de la mercancía que se encuentra sobre palés se realizará teniendo en cuenta las siguientes pautas:

- La altura máxima de la carga no deberá ser superior a 1,5 m y su carga máxima conjunta no superará los 700 kg.
- Se deben inspeccionar los palés periódicamente.
- Hay que evitar depositar los palés cargados directamente unos encima de otros.
- A partir de alturas de estanterías superiores a 4 m es recomendable que las carretillas dispongan de un sistema automático para la fijación de las alturas de elevación.

## 7. Resumen

El **almacén** es un espacio del que disponen casi todas las empresas, ya sea de mayor o menor tamaño, contenido y complejidad. Es un área desconocida dentro de la empresa, pero muy importante en el desarrollo de la organización.

Dentro de un almacén son muchas las **funciones** que hay que llevar a cabo:

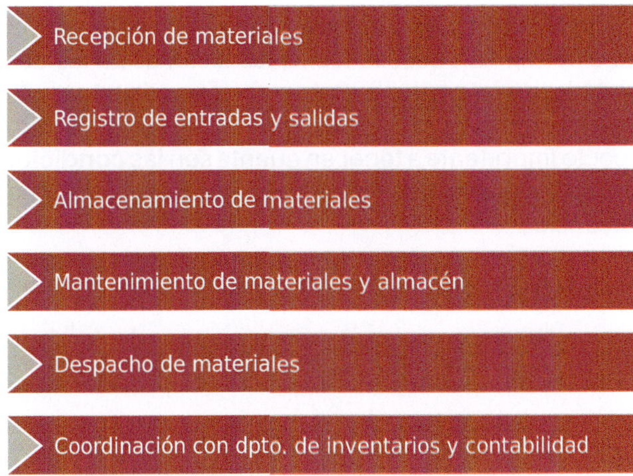


Para la **buena organización del almacén** es necesario realizar un análisis de las **características físicas de los productos** almacenados, así como del **comportamiento de su demanda,** ya que ambos factores son importantes a la hora de establecer las técnicas más idóneas de diseño y organización de un almacén.

La **elección del sistema de almacenamiento** depende de múltiples factores, como por ejemplo el espacio disponible, tipos de materiales que serán almacenados, número de artículos guardados, etc. Una vez determinados los factores condicionantes del almacenamiento, se elegirá el sistema de almacenaje que mejor se adapte a las necesidades de la empresa; estos podrán ser:

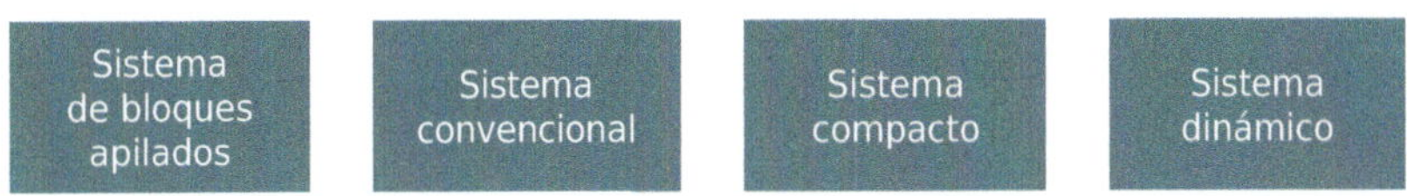


Atendiendo a los criterios de clasificación más importantes, pueden diferenciarse almacenes según la mercancía almacenada, el sistema logístico, régimen jurídico, estructura o grado de automatización.

Además de las operaciones de almacenaje, en un almacén se realizan **operaciones de preparación** o acondicionamiento de materiales y **operaciones auxiliares** a las anteriores.

El **estudio de la distribución interna del almacén o *layout*** ha de estar enfocado a permitir un acceso fácil a las distintas zonas del mismo para que, por ejemplo, no se produzcan obstrucciones de tránsito.

Un aspecto importante a tener en cuenta son las **condiciones generales de seguridad y salud** necesarias y comunes para la mayoría de los depósitos de mercancías.

# Ejercicios de autoevaluación
# Unidad de Aprendizaje 2

1. **Relaciona cada una de las funciones del almacén con sus tareas asociadas.**

    a. Recepción de mercancías.
    b. Conservación y manutención.
    c. Almacenamiento.
    d. Organización y control de existencias.

    __ Localizar la mercancía en el lugar más idóneo.
    __ Comparar la información de albaranes y pedidos.
    __ Conservar la mercancía en perfecto estado desde su entrada hasta su salida.
    __ Determinar el nivel de *stock* de los productos almacenados.

2. **Identifica cuál de los siguientes se considera un principio básico del almacén.**

    a. Existirán, en todo caso, más de dos puertas para facilitar el desalojo en caso de emergencia.
    b. El personal del almacén deberá realizar todo tipo de funciones: registro de entradas y salidas, *picking,* almacenamiento, elaboración de albaranes, etc.
    c. La disposición de las estanterías en el almacén no debe ser susceptible de cambios.
    d. La entrada al almacén debe estar prohibida a toda persona que no esté asignada a él, y estará restringida al personal autorizado por la gerencia o departamento de control de inventarios.

3. **Relaciona cada técnica de almacenaje con sus características.**

    a. Carga unitaria.
    b. Cajas o cajones.
    c. Columnas.
    d. Contenedores flexibles.

_ Es un conjunto de existencias contenido en un palé.
_ Es la técnica de almacenamiento ideal para artículos de pequeñas dimensiones.
_ Se utilizan para el almacenamiento y movimiento de líquidos y sólidos a granel.
_ Se utilizan para acomodar piezas largas y estrechas.

**4. Identifica cuál de las siguientes afirmaciones es una característica del sistema de almacenamiento por bloques apilados.**

a. Se suele utilizar en almacenes con techos altos.
b. Se formarán bloques con grupos heterogéneos de productos.
c. Se usa en almacenes que no tienen una gran variedad de productos.
d. Se usa en almacenes que tienen una gran variedad de productos.

**5. Identifica cuál de las siguientes afirmaciones es una característica del sistema de almacenamiento convencional.**

a. Se adapta con facilidad y permite una distribución lógica del espacio en el almacén.
b. Su implantación es compleja, aunque se adapta sin inconvenientes a los programas de gestión informatizados.
c. Permite utilizar el método FIFO.
d. No es posible detectar con rapidez las roturas de *stock.*

**6. Los almacenes que se utilizan cuando el trayecto es largo y hay que transportar grandes cantidades de mercancía se denominan:**

a. Almacenes de zona.
b. Almacenes de tránsito.
c. Almacenes centrales.
d. Almacenes comarcales.

**7. Los almacenes cuya mecanización se reduce a los medios de transporte interno se denominan:**

a. Almacenes automatizados.
b. Almacenes cubiertos.

c. Almacenes convencionales.
d. Almacenes de zona.

**8. Identifica cuál de las siguientes se consideran áreas de apoyo a la actividad del almacén.**

a. Zona de devoluciones.
b. Aparcamiento de camiones.
c. Zona de preparación.
d. Zona de recepción y control.

**9. Identifica si las siguientes afirmaciones son verdaderas o falsas.**

a. En la valoración primaria de un herido se comprobará su pulso y las heridas presentes en la cabeza y cuello.

- Verdadero
- Falso

b. Ante cualquier accidente se debe activar el sistema de emergencia PAS (Proteger, Avisar y Socorrer).

- Verdadero
- Falso

**10. Ante una situación de emergencia, la persona que actuará desde el centro de control a la vista de las informaciones que reciba del jefe de intervención se denomina:**

a. Equipo de segunda intervención.
b. Jefe de bomberos.
c. Equipo de primera intervención.
d. Jefe de emergencia.

**11. En la manipulación manual de cargas el peso máximo a levantar por una persona entrenada es de:**

a. 50 kg.
b. 40 kg.
c. 25 kg.
d. 20 kg.

**12. ¿Cuál de los siguientes elementos se corresponde con un equipo de protección individual?**

a. Calzado de seguridad
b. Barandillas
c. Ventilación general
d. Redes de seguridad

# Glosario

**ABC**
Principio basado en la Ley de Pareto, en la que se define que mientras el 20 % de algo es esencial, el otro 80 % es algo trivial.

**Albarán**
Nota de entrega referente al pedido solicitado y que firma la persona que recibe la mercancía.

**Almacén**
Lugar donde se realiza la recepción, custodia, conservación y despacho de mercancías.

**Almacenamiento convencional**
Es el más extendido en casi todos los sectores industriales y se caracteriza por la escasa utilización de mecanismos, el empleo de equipos de tecnología común y la mayor utilización de mano de obra.

**Apilamiento**
Es una técnica de almacenamiento que reduce la necesidad de divisiones en las estanterías, ya que en la práctica, forma un gran y único estante.

**Autoprotección**
Se entiende como el sistema de acciones y medidas encaminadas a prevenir y controlar los riesgos sobre las personas y los bienes, dando respuesta adecuada a las posibles situaciones de emergencia y garantizando la integración de estas actuaciones con el sistema público de Protección Civil. Estas acciones y medidas deben ser adoptadas por los titulares de las actividades, públicas o privadas, con sus propios medios y recursos, dentro de su ámbito de competencia.

**Bienes**
Productos que las empresas ponen a disposición de los consumidores para satisfacer sus necesidades.

**Bloques apilados**
Se realiza a través de la superposición de cargas unitarias en forma de pilas, colocadas lateralmente unas junto a otras dentro de un almacén, sin dejar hueco alguno entre las mismas, de manera que todo el almacén quede completamente ocupado.

**Cadena de frío**
Utilización de elementos y actividades para garantizar la calidad de un alimento desde que se encuentra en su estado natural o precocinado hasta su consumo.

**Cantidad de pedido**
Es el número de unidades que se piden al proveedor cuando se realiza el pedido.

**Código de barras**
Sistema de identificación mediante un conjunto de barras paralelas de distinto grosor y espaciado.

**Componentes**
Son las materias primas y los productos semielaborados que intervienen en la fabricación del producto terminado.

**Contabilidad**
Ciencia que se ocupa de registrar todas las operaciones que se producen en la empresa.

**Contaminación cruzada**
Proceso mediante el cual un alimento entra en contacto con sustancias ajenas generalmente perjudiciales.

**Contenedor flexible**
Es una especie de saco hecho con tejido resistente y caucho vulcanizado, con un revestimiento interno que varía según su uso.

**Coproductos**
A menudo la fabricación de un producto lleva consigo inevitablemente la producción de otro que es tan imprescindible como el primero.

***Drive-in***
Método de almacenamiento de mercancía del sistema compacto, en el que se aplica el método LIFO.

***Drive-trought***
Método de almacenamiento de mercancía del sistema compacto, en el que se aplica el método FIFO.

### Durabilidad
Cualidad que presentan los productos duraderos.

### Embalaje
Comprende el conjunto de todos los elementos que envuelven, presentan, protegen y conservan al producto.

### Etiqueta
Es un elemento que se adhiere a otro elemento para identificarlo o describirlo; por extensión, una etiqueta también puede ser una o más palabras que se asocian a algo con el mismo fin. Las palabras empleadas para etiquetar pueden referirse a cualquier característica o atributo que se considere apropiado.

### Existencias
Son todas aquellas mercancías que tiene almacenada la empresa, también conocidas por el término *stock.* Son tanto materias primas como productos elaborados dispuestos para su comercialización.

### Factura
Documento expedido por el vendedor y que acredita legalmente las entregas de bienes y las prestaciones de servicios realizadas.

### Fichas Internacionales de Seguridad Química (FISQ)
El Proyecto de las *International Chemical Safety Cards* (ICSC) recopilan de forma clara la información esencial de higiene y seguridad de sustancias químicas y no solo están destinadas a un uso directo por los trabajadores en planta, sino también por otros posibles interesados en fábricas, en agricultura, en la construcción y otros lugares de trabajo.

### FIFO
El acrónimo de su denominación en inglés es *First In, First Out:* primera entrada, primera salida. El valor de salida de los productos del almacén es el precio de las primeras unidades físicas que entraron. De esta forma, las existencias salen del almacén valoradas en el mismo orden en que entraron. Las existencias se registran a su valor de entrada, respetando el orden cronológico.

### Gestión del almacén
Se refiere a que, con los mínimos recursos del almacén (espacio, máquinas, personas) se consigan realizar todas las operaciones de almacenaje y preparación (y, a veces, también de producción) para el nivel de servicio que demanda el negocio.

**Gestión del *stock***
Se centra en aprovisionar de forma que su inmovilizado sea mínimo para un nivel de servicio dado. Es una gestión sobre el valor del *stock*.

**Garantía sanitaria**
En lo referente a productos, requisitos mínimos que deben cumplir para su puesta en el mercado.

***Hardware***
La parte "que se puede tocar" de un ordenador: caja (y todo su contenido), teclado, pantalla, etc. Es el equipo propiamente dicho, el soporte físico de un ordenador.

**Hurto**
Apoderamiento ilegítimo de bienes.

**Intangibilidad**
Imposibilidad de ver y tocar el producto.

**Inventario**
Es una relación de los bienes que se disponen, clasificados según familias y categorías y por lugar de ocupación.

**Inventario contable**
Inspección ocular y recuento de las unidades almacenadas para anotar las existencias.

**Inventario contable**
Registra las entradas y salidas de existencias que se producen en la empresa.

***Layout***
Distribución de planta.

**LIFO**
El acrónimo de su denominación en inglés es *Last In, First Out:* última entrada, primera salida. El valor de la salida de las existencias es el precio de las últimas que entraron. Así, las existencias salen del almacén valoradas en orden inverso al que entraron. Las existencias se registran a su valor de entrada, respetando también el orden cronológico.

**Manual de seguridad**
Conjunto de normas e instrucciones orientativas para gestionar las condiciones de seguridad de las actividades y tareas que se realizan en el almacén.

### Método ABC
Es un sistema de gestión de almacén basado en los principios de que solo interesa un control minucioso de los productos más importantes, mientras que para los que tengan menor relevancia, bastará con una vigilancia menos rigurosa.

### Método de punto de pedido
Nivel de existencias que una vez alcanzado provoca el pedido.

### Método uno por uno
La salida de una unidad es la señal para iniciar el reaprovisionamiento de otra unidad.

### Norma básica de autoprotección
Normativa que regula la presentación, por parte de determinadas empresas, de las medidas de autoprotección.

### Palé
Es un armazón de madera, plástico u otros materiales, empleado en el movimiento de carga, ya que facilita el levantamiento y manejo con pequeñas grúas hidráulicas, llamadas carretillas elevadoras.

### PAS
Acrónimo de Proteger, Avisar y Socorrer.

### Pérdida desconocida
Es la diferencia entre el valor de la mercancía recibida en la tienda para su puesta a la venta y el valor que finalmente alcanza dicha mercancía, atendiendo a la cifra de ventas que la empresa ha recaudado.

### *Picking*
Recogida de material extrayendo unidades o conjuntos empaquetados de una unidad de empaquetado superior que contiene más unidades que las extraídas. En general, cuando se recoge material abriendo una unidad de empaquetado. Puede ser un *picking* de unidades cuando se extraen productos unitarios de una caja o un *picking* de cajas, cuando se recogen cajas de una paleta o de un contenedor.

### Plan de Autoprotección
Es un instrumento para la actuación en locales, establecimientos y edificios de forma eficaz frente al riesgo de incendio o de cualquier otro equivalente, así como para garantizar la evacuación e intervención inmediata; en esta actuación se hace especial hincapié en organizar y coordinar los medios humanos y materiales existentes en el propio local o edificio, y en su entorno más inmediato, es decir, integrándolos en el sistema público de Protección Civil.

**Precio de adquisición**
Es el que ha pagado la empresa por el producto. Si una empresa vende ordenadores y a su vez los compra a un fabricante, debe pagar un precio a este por cada unidad. Ese precio es el precio de adquisición.

**Precio de venta**
Es el que la empresa pone al producto a la hora de venderlo a sus clientes, obviamente, el precio de venta es superior al precio de adquisición.

**Producto**
Es un conjunto de facultades tangibles e intangibles que incluye el envase y embalaje, color, precio, prestigio del fabricante, prestigio del detallista y servicios que prestan este y el fabricante.

***Racking***
Almacén que permite utilizar de forma eficiente el espacio vertical.

**Ratio**
Es la relación que existe entre dos magnitudes que ofrecerán datos, en este caso, relativos al *stock*.

**Refrigeración**
Sistema que permite conservar alimentos perecederos por un periodo de tiempo mayor.

**Repuestos**
Materiales que, aunque se comercializan por sí como tales, están también relacionados con la existencia de productos principales de los que son componentes.

**Roldanas**
Pequeñas circunferencias de acero u otro material, que dispuestas una tras otra facilitan el movimiento de cargas.

**Rotación**
Las rotaciones miden el número de veces que una magnitud es renovada a lo largo de un periodo.

**Rotación de *stock***
Es el número de veces que un artículo pasa por el proceso de venderse, salir del almacén y ser cobrado, en un periodo de tiempo, y recuperar así la inversión realizada al adquirirlo.

**Ruptura del *stock***
Es la situación en que no se dispone de existencias para poder servir los pedidos de los clientes, en las condiciones que ellos especifican (plazo de tiempo y precio).

**Sistema de almacenaje**
Aquellos sistemas que controlan la entrada y salida de mercadería desde un almacén; este es un espacio físico donde suelen guardarse las materias primas, productos finalizados o en proceso.

**Sistema compacto**
Consiste en almacenar la mercancía en estanterías, con un mínimo de pasillos que permitan el paso de carretillas elevadoras entre los mismos.

**Sistema de trazabilidad**
Conjunto de disciplinas de diferente naturaleza que, coordinadas entre sí, permiten obtener el seguimiento de los productos a lo largo de cualquier cadena del tipo que sea.

***Software:* es la parte "que no se puede tocar" de un ordenador**
Los programas y los datos; el soporte lógico. Es todo lo que instalamos en nuestro ordenador, las aplicaciones, el sistema operativo y todos los programas.

***Stock* de seguridad**
Es el nivel de existencias que hay en el almacén para hacer frente a posibles incrementos que se produzcan en la demanda.

***Stock* máximo**
Indica el número máximo de existencias que hay en almacén.

***Stock* óptimo**
Es el que permite hacer frente a la demanda (bien para la producción, bien para la venta) al menor coste posible.

**Subproductos**
Son los materiales no deseados, que se logran inevitablemente en cualquier proceso de fabricación y que tienen un determinado valor.

**Tangibilidad**
Posibilidad de ver y tocar el producto.

**Tareas repetitivas**

Son aquellas actividades cuya duración es inferior a 30 s o aquellos trabajos en los que se repiten los mismos movimientos elementales durante más de un 50 % de la duración de un ciclo completo de actividad (desde su inicio hasta su conclusión).

***Timing***

Período de tiempo establecido para una venta, promoción, inversión, etc.

**Transpaleta**

Herramienta usada en los almacenes para facilitar el movimiento de mercancías.

**Unidad de carga**

Conjunto de productos de pequeñas dimensiones que se unen para facilitar su transporte.

# Bibliografía

## Monografías


→ ANAYA Tejero, J. J.: *Logística integral: la gestión operativa de la empresa.* Madrid: ESIC Editorial, 2015.

Este libro ofrece una visión de conjunto de la esencia del concepto de logística integral, así como la interrelación existente entre los diferentes eslabones de la cadena operativa de la empresa.

→ CRUELLES Ruiz, J. A.: *Stock, procesos y dirección de operaciones: conoce y gestiona tu fábrica.* Barcelona: Marcombo Ediciones Técnicas, S. A., 2013.

En este libro el autor profundiza en la conceptualización de términos básicos como la gestión de *stocks,* los costes de producción y el diseño de procesos para la correcta evolución de la misma, haciendo hincapié en el conocimiento del ciclo de la dirección de operaciones, la planificación a largo, medio y corto plazo, y la implicación de la alta dirección hasta los mandos intermedios.

→ DION, J. y TOPPING, T.: *¿Cómo iniciar y administrar un almacén rentable?* Barcelona: Editorial Norma, 2004.

En esta obra se recogen los factores y criterios que hay que tener en cuenta a la hora de iniciar y administrar un almacén rentable.

→ LOZANO, J. R.: *Operaciones de almacenaje.* Madrid: Editorial EDITEX, 2003.

En este libro se recogen los elementos conceptuales y técnicas necesarias para mejorar, entre otros aspectos, la efectividad de la organización del área logística de la empresa.

→ PARRA Guerrero, F.: *Gestión de stocks.* Madrid: ESIC Editorial, 2005.

A lo largo del contenido de este libro la autora aborda la gestión del *stock,* poniendo especial énfasis en el análisis y minimización del riesgo de rotura del mismo.

→ PÉREZ Huguet, R.: *Organización de almacén*. Antequera: IC Editorial, 2023.

Publicación en la que se desarrollan los conceptos básicos para entender el funcionamiento de un almacén logístico y la distribución y organización de los espacios de un almacén atendiendo a los productos y la organización empresarial.

→ ROUX, M.: *Manual de logística para la gestión de almacenes*. Barcelona: GESTIÓN 2000, 2009.

En esta publicación se explica pormenorizadamente cómo mejorar un almacén existente o diseñar una instalación nueva con éxito.

## Textos electrónicos, bases de datos y programas informáticos

→ Asociación Española de Contabilidad y Administración de Empresas, de: <www.aeca.es>.

Website de AECA, única institución profesional española emisora de principios y normas de contabilidad, generalmente aceptados, y de pronunciamientos y estudios sobre buenas prácticas en gestión empresarial.

→ *Free Supply Chain* portal, de: <www.free-logistics.com>.

Página web especializada en la publicación de contenidos relacionados con el almacenaje, transporte, aprovisionamiento, *stock* y protocolos logísticos.